なぜ、僕らはこんなにもサッカーが好きなのだろう

ペナルティ・ヒデ

ベースボール・マガジン社

なぜ、僕らはこんなにもサッカーが好きなのだろう

ペナルティ・ヒデ

CONTENTS

協力　吉本興業
構成　杉園昌之
編集　ベースボール・マガジン社
校正　中野聖己
カバー写真　阿部卓功
写真　ペナルティ・ヒデ
BBM
カバー撮影協力　MIFA Football Park
装丁&デザイン　イエロースパー

C O N

PROLOGUE

僕が作りたかったサッカー本

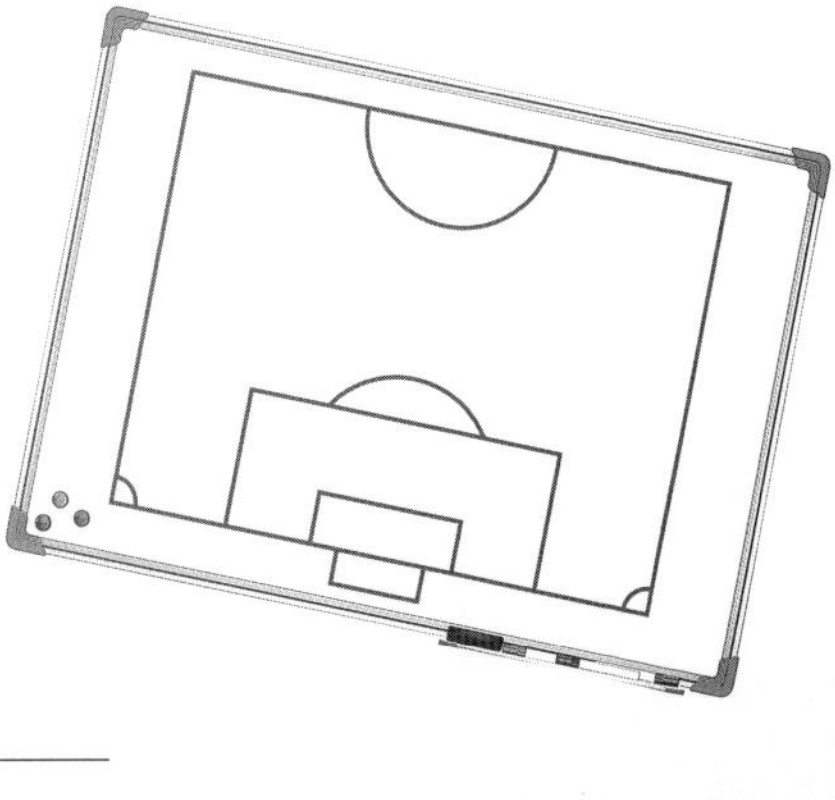

もしも、僕がサッカー日本代表の監督だったら――。

学生時代からサッカー部の仲間たちが集まれば、「俺だったら、この選手じゃなくて、あの選手を選ぶよ」と盛り上がり、紙に「俺の日本代表」を書き出したこともありました。大学を卒業してお笑い芸人になったいまも、そのころと基本的に変わっていません。サッカー好きの仲間たちとお酒を酌み交わせば、やはりオリジナルの代表選考の話に花が咲きます。きっと、これは僕の周りだけではないと思います。日本全国のあちらこちらで、それぞれの「代表選び」をしている気がします。「みなさんはどう思っていますか?」と投げかけてみたいと思ったのが、この本の原点でもあります。

なぜ、このタイミングだったのか。この本の制作がスタートした2023年は奇しくも『ドーハの悲劇』から30年、さらにJリーグ30周年。こんな絶好の機会はないな、と。若くて才能ある日本の選手たちが次から次にヨーロッパへ移籍していくなか、もっと日本のJリーグを盛り上げたいと思いました。そのために、僕なりの方法で何かしらの情報発信をしたかった。

そんなことを漠然と考えていたときです。いつも気さくに付き合ってくれる知り合いの弁護士さんが、今度、出版社の人を紹介してくれると言うんです。それが、ベースボール・マガジン社の池田哲雄社長でした。

初めてお会いしたのは池田社長行きつけの焼肉店。東急池上線の長原駅近くにある名店でした。長原駅と聞いても、ピンとこない人がほとんどかもしれませんね。五反田駅から10分の小さな駅です。他線が乗り上げているターミナル駅でもありません。本当に地元の人しか利用しない駅だと思います。

ただ、知る人ぞ知る焼肉店に入ると、有名人のサイン色紙がズラリと飾られていました。肉を焼きながら、お酒も進んできたころでした。饒舌な池田社長の話に相槌を打ちながら、サッカー選手たちのサインを指差し、「この選手、あの選手も知り合いです」とやんわりと本題を切り出しました。サッカー関係者に多くのコネクションがあることをアピールし、自然な流れで「サッカー関連の本とかは出せないですかね?」と聞いてみました。すると、橋渡し役の弁護士さんが「ヒデさんはすでに何冊か本を出していて、企画力もあります。面白い本を作れると思いますよ」と後押ししてくれたんです。

その勢いで池田社長とＬＩＮＥ交換をさせてもらいました。とはいえ、あくまでも酒席での話ですから、この時点では正直、サッカー本の出版が実現するかどうかはまったく分かりませんでした。

そして後日、お礼を兼ねて、池田社長に熱い思いを込めた長文のメッセージをＬＩＮＥで送りました。「こんなサッカー本を僕は作ってみたいんです」と。僕のありったけの思いが通じたのか、「もう一度、お会いして話をしましょう」という流れになりました。鉄は熱いうちに打てということですね。僕も社長もお酒が好きなことも幸いしたのでしょう。「飲みながらのほうが話しやすいんです」と提案すると、「じゃあ、飲みましょう」と快諾してもらいました。

僕はすぐに吉本興業の出版部に連絡し、懇意にしている担当者に「これはトップダウンでできる仕事なんだ。なんとか話をまとめたいんだ」とお願いをしました。池田社長との打ち合わせにはベースボール・マガジン社出版部の編集者のＭさんも同席し、企画書の話を一気に詰めることに——。

ここからは、吉本得意の〝鳥かご戦法〟です（笑）。僕は「このいただいたチャンスを逃してなるものか」と思っていましたから、池田社長にサッカー本への熱意をこれでもかというぐらい伝えました。アルコールの力もあったかもしれませんが、「そこまで言うなら1冊くらいは書かせてあげようか」と思ってもらえるくらいに熱量だけはハンパなかったはずです。実際、池田社長も僕の話を面白がって聞いてくれて、手応えもありました。いまでも、あのときの社長の言葉は忘れられません。

「僕は野球畑の人間です。サッカーのことはあまり分かりません。ヒデさんの本で勉強したいと思うので、教えてください」

日本を代表するスポーツ総合出版社のトップに立つ社長ですが、横柄な態度は一切なく、むしろ腰が低かった。しかも、年下の僕に対して、「教えてください」って……。なかなか口にできるものではありません。しびれましたよ。

60歳を超えた社長からすれば、僕なんて若造。あの言葉を聞いたとき、池田社長の会社から絶対に本を出したいと思いました。

そこからはトントン拍子で話が進んでいきました。これがトップダウンの力なのでしょうね。内々で出版のゴーサインが出ると、２０２３年の7月中旬には僕がセッティングした五反田駅近くの居酒屋で池田社長、書籍の編集スタッフらを交えて、制作のキックオフとなる企画会議を行いました。

岡田武史さんがいる今治へ

本のコンテンツを考えていくなか、まず提案したかったのが、岡田武史さんとの対談企画です。23年で『ドーハの悲劇』から30年、Jリーグ30周年という大きなテーマを考えたときに、やはり僕のなかでは欠かせない人でした。これまでも芸能界の仕事で多くのサッカー関係者と知り合い、いろいろな話を聞く機会に恵まれてきました。ひょんなことから気になる舞台裏の話などを人づてに聞くこともあります。ただ、噂話のようなことをそのまま書くことだけはしたくなかった。核心に迫る話は、いつか自分で本人に直接聞いてみたいと思っていました。

１９９３年10月28日、『ドーハの悲劇』が起きたとき、岡田さんはいったい何を思ったのか。それから4年後、監督として日本代表を初めてワールドカップ出場に導いたこと。１９９８年フランスワールドカップの最終メンバー選考でカズさんを選ばなかった理由など……あらためて聞きたいことは山ほどありました。

五反田でのキックオフ企画会議から約1カ月後の8月中旬、僕はスーツを着込んで東京から新幹線に乗り込みました。岡山駅を経由し、在来線の特急を乗り継ぐこと5時間40分。今治駅からタクシーで岡田さんが待つ、今治里山スタジアム内のクラブハウスへ向かいました。

現地に到着したのは約束の40分前。気持ちいい笑顔で出迎えてくれた岡田さんのマネージャーさんと挨拶を交わしたあと、インタビュー開始時間までの間、海賊船をイメージしたというスタジアム内を丁寧に案内してもらいました。選手たちのモチベーションを上げるロッカールームなど、あらゆるところに岡田さんならではの細かなこだわりを感じさせる内観には感心の連続でした。取材部屋に用意されたのは、3階のVIPルーム。窓際から外をのぞけば、今治の街、瀬戸の海までが一望できました。そうこうしていると、ドアがノックされ、白いTシャツ姿の岡田さんが姿を見せました。

いきなり本題に入るのではなく、まずは談笑。以前、テレビのサッカー番組でご一緒させてもらったことなど、よもやま話をしながら、場の空気を温めたところで、いよいよ、「あの日の真相」に迫る対談がスタートしました。

第1章

「あの時、何が…」

日本サッカー史、私たちの記憶に刻まれた
『あの日、あの時』の真相――

サッカーファンなら誰もが知りたかった真相を探るため、
岡田武史氏が待つ愛媛県の今治へ！
いまも語り継がれるドーハの悲劇、
1998年フランスワールドカップの舞台裏……、
さらにはFC今治に込めた夢まで、
ヒデだからこそ聞けた必読の対談をお届けする。

取材協力＝株式会社OKA8
FC今治

あの時、何が…

スペシャル対談
EPISODE
1

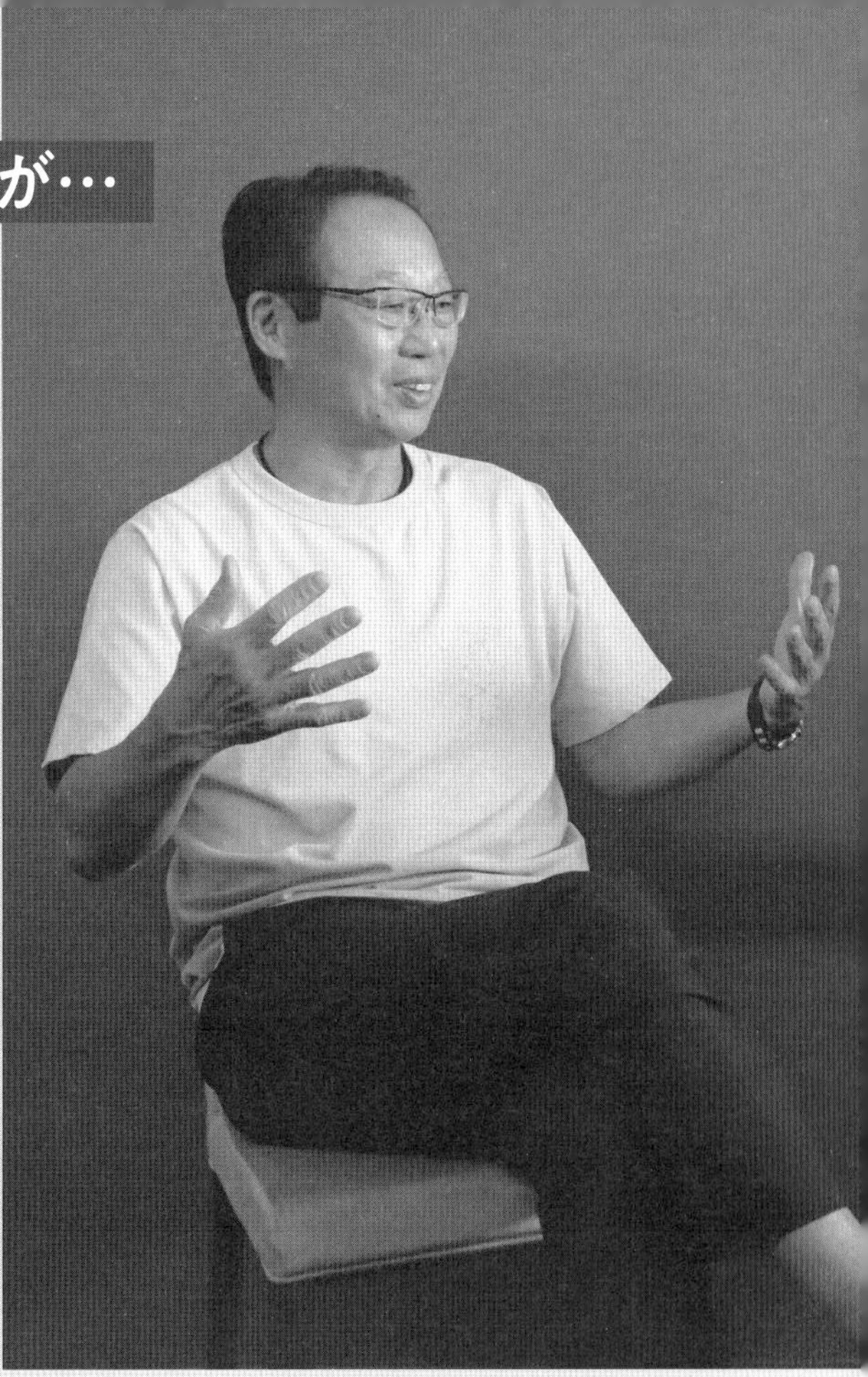

PROFILE
岡田武史
おかだ・たけし／1956年8月25日生まれ。大阪府出身。早稲田大学卒業後、古河電工で日本代表にも選出。引退後、95年に日本代表のコーチに。97年のフランスW杯アジア最終予選中に監督となり、初の本大会出場を果たした。横浜F・マリノスの監督時には初の3ステージ連覇も達成。07年から再び日本代表監督に。10年南アフリカ大会でチームをベスト16進出に導いた。現在はFC今治のオーナーを務め、23年4月からはFC今治高等学校里山校の学園長にも就任。

岡田武史

［元日本代表監督／FC今治オーナーほか］

×ペナルティ・ヒデ

⚽「ドーハの悲劇」の記憶

ヒデ 2023年10月で『ドーハの悲劇』から30年になります。ちょうど30年前、専修大のサッカー部に所属していた僕はNHK-BSで日本対イラクの試合を見ていました。当時の解説者が岡田さんと田嶋幸三さん（現日本サッカー協会会長）でした。試合終了間際にワールドカップ初出場の夢を断たれたとき、僕はこれほどまでにワールドカップは遠くて、高い壁なのかと思いました。岡田さんは解説をしながら、どのように日本代表の戦いを見ていたのですか。

岡田 あの瞬間に抱いた気持ちは、ヒデさんたちと同じですよ。後半ロスタイムまでは、私らの時代では想像もできなかったあのワールドカップに本当に行くんだな、と思っていました。当時、番組の大道具さんがくす玉まで持ってきて、私はひもを引っ張る準備をしていたんです。すると、「えっ」という感じで……。まさかの同点ゴールを決められ、すぐにくす玉は片付けられて、解説者で呼ばれていたのにほとんど何も言えなかった。確か一言二言コメントしたくらいだったかな。あとは一緒に解説していた田嶋に任せました。そのあとにほかの試合の解説も頼まれていたのですが、それも田嶋に頼んで、そのまま帰宅しました。

ヒデ それくらいショックだったのですね。

岡田 そうですね。当時、日本代表を率いていたハンス・オフト監督、清雲栄純コーチとは仲が良かったんです。私がドイツにコーチ留学しているときに、ちょうど代表がヨーロッパ遠征に来ていて、お手伝いをしたこともありました。アジア予選の中東遠征にも足を運びました。現地では清雲コーチに頼まれて、買い出しに行ったことも覚えています。

◀W杯アメリカ大会アジア最終予選のイラク戦後。夢が潰えたまさかの結末に「ドーハの悲劇」と呼ばれた（写真=BBM）

ヒデ 当時、岡田さんの年齢は37歳だったと思います。寸前のところで厳しすぎる現実を目の当たりにして、日本代表が世界の舞台に出ていくためには、もう一度強化プランを練り直すべきなのか、それとも、このまま継続していくことでトビラを開けると思ったのか。どちらだったのでしょうか。

岡田 当時は正直、日本サッカー全体の強化策まで考えられなかったです。私は指導者としてキャリア4年目を迎えている時期です。このあたりは時計の針を少し戻して、話しますね。ドーハの悲劇から遡ること3年。１９９０年、私は34歳で日本リーグの現役選手を引退し、古河電工の社員として社業に専念するつもりでした。日本にまさかプロリーグが発足するとは思っていなかったので。すると、プロ化の話が水面下で進んでいて、「古河電工も新しい監督を迎えるので、チームのコーチをしてほしい」と頼まれたんです。社内では人事部付きでサッカーだけに力を注ぐ環境となり、ここから指導者キャリアをスタートさせました。とは言っても、現役時代の晩年は、キャプテンだった私が試合のミーティングも行っていたんです。監督は清雲さんでしたが、お前がやれ、やれという感じで（笑）。

ヒデ そうだったんですか！

岡田 そうなんですよ。「俺がこのチームを動かしている」と思っていたから（笑）。監督にも偉そうによく進言していました。「なんで、この練習をしないんですか」って。でも、2年間、コーチ経験を積むなかで、ようやく気づきました。「俺は清雲さんの手のひらの上で踊らされていたのか」と。

ヒデ それはどういうことですか。

岡田 自分が選手時代に「こういう練習をしたほうがいいのに」と思っていたメニューを作り、選手の立場になって、熱心に指導していました。ただ、フタを開けてみれば、選手は伸びないし、チームも強くならない。そこで、行き詰まったんです。「このままでは、俺はダメになる」と思い、「一度チームを離れて、充電したい」と会社に相談しました。当時はサラリーマンという身分でしたが、「家族と一緒にドイツに1年間のコーチ留学をさせてほしい。もしも認めてもらえなければ、会社を辞めます」

と直談判しました。

ヒデ 不退転の覚悟だったのですね？

岡田 いやいや、内心では会社は私を辞めさせないと思っていましたよ。優しい会社だったので（笑）。

ヒデ それで、ドイツで学んだことはなんだったのでしょうか。

岡田 練習内容は日本とそこまで変わりません。情報化社会なので、1990年代前半でもヨーロッパの練習は日本に入ってきていました。一番の違いは、監督、コーチとしてのあり方ですね。根本的に監督と選手は立場が違うんだ、と。選手の望むものを与えるのが、監督ではない。ときには選手の嫌がることも強いなければいけません。ひと昔前の日本サッカー界では、監督、コーチ、選手たちが一体となり、合宿でも一緒になって親睦を深めていました。実際、それが良しとされていた時代です。監督は無理に選手から好かれる必要はないんです。私は大きな誤解をしていましたね。

ヒデ むしろ、嫌われてもいいと。

岡田　尊敬はされるべきですが、好きになってもらう必要はない。ドイツでそんなことを学んで帰国し、1993年からジェフユナイテッド市原（現ジェフユナイテッド市原・千葉）のサテライト（2軍）で指導を始めると、もう面白くて仕方なかった。選手はぐんぐん成長し、次から次にトップチームに昇格していきました。そんな時期に、ドーハの悲劇の解説を担当したんです。ですので、「日本が世界に出ていくためには」ということはまだ考えてもいなかった。

ヒデ　ジェフ市原のコーチとして、やり甲斐を感じていたなか、1994年に加茂周監督が率いる日本代表のコーチに就任しています。

岡田　先ほども話したようにジェフでのコーチ業が楽しかったので、最初、日本サッカー協会からのオファーを断っていました。加茂さんとは挨拶したことがある程度ですし、特別に親しい間柄でもありませんでした。それなのに、ジェフの清雲さんたちは「日本のためだから行ってこい」となかば強引に背中を押すわけです。それこそ、無理やりに近かったと思います。そこまで言われたので、1994年にジェフとの契約を解除し、日本サッカー協会へ行くことになりました。

⚽1998年アジア最終予選の舞台裏

ヒデ　1998年ワールドカップのアジア最終予選は1戦目のウズベキスタン戦こそ勝利を飾りましたが、2戦目以降は苦しい戦いが続きました。当時、僕は27歳でしたが、スタジアムに「加茂周、辞めろ」という横断幕を掲げられているのも目にしました。

岡田　最終予選の途中から風向きが変わってきてね。

ヒデ　1997年10月に加茂監督が更迭され、コーチの岡田さんにバトンが渡りました。初のワールドカップ出場が危うくなり、日本代表は厳しい批判にさらされているときでした。

岡田　アルマトイの夜は、いまでも覚えています。10月4日、アウェーでカザフスタンに1対1で引き分けたあと、日本サッカー協会の長沼健会長に呼び出され、いきなり切り出されました。「加茂を更迭するので、後任はお前だ」と。ちょっと待ってほしかった。「加茂さんには話したのですか?」と聞けば、「まだだ」と言うわけです。私がホテルの部屋に戻ると、すぐに加茂さんから電話がかかってきました。次は加茂さんの部屋へ行き、そこで本人からあらためて、頼まれました。「オカちゃん、俺アウトやから、お前(監督を)やってくれ」って。あのとき、私は加茂さんに言いました。「会長が次の監督がいないと言うので、1試合だけやりますよ」。その1週間後にはアウェーのウズベキスタン戦が控えていましたから。1試合だけ指揮を執る約束で、チャーター機でタシケントへ向かいました。

ヒデ 当初は1試合だけのつもりだったのですね。

岡田 そうです。準備期間は少なかったですが、ウズベキスタン戦に向けてみっちりトレーニングしました。井原正巳(当時、日本代表キャプテン)には「こんなにきつい

「加茂さんの後任探しが混迷を極めることは目に見えていましたし、一番困るのは選手。それを考えたときに、続けるという選択肢しかなかった」(岡田)

練習をして試合で走れなかったから岡田さんのせいだ」と言われました。どれほどの練習を課したのかは覚えていませんが、井原のあの言葉は記憶に残っています。

ヒデ 初陣となったウズベキスタン戦は敵地で1対1の引き分けでした。

岡田 ずっと攻めているのに点が入らなかった。時間だけが過ぎていくと、カウンターから痛恨の失点。日本からすれば、もう後がない状態です。

ヒデ 負ければ、ワールドカップ出場が絶望的になる。

▲1997年10月、フランスW杯アジア最終予選中に加茂周監督が更迭。岡田武史氏が引き継いだ(写真＝BBM)

岡田　1点を追う展開の終了間際、空中戦に強いストッパーの秋田豊を前線に上げて、パワープレーで勝負をかけました。私はベンチから井原に向かって、「蹴れ！」と大きな声で叫んでいました。すると、自陣から蹴られたロングボールは呂比須ワグナーの頭をかすめて、そのままゴールへ吸い込まれていきました。あれだけ攻めていたのに「これで入るのか」と。私はあの瞬間、「ひょっとすれば、(ワールドカップに) 行けるな」と思いました。

ヒデ　ウズベキスタン戦で風向きが変わったと。

岡田　それは監督である私のなかの話。むしろ、日本代表を取り巻く雰囲気は依然として厳しかった。幸運な形で勝ち点1を拾った試合後、報道陣が待つ記者会見場に行くと、もうその場は〝弾劾裁判〟のようでした (笑)。私よりも舌鋒鋭い年上のベテラン記者がズラリと並んでいて、辛辣な質問を浴びせてくるんです。それに対して、私が「日本代表はひょっとすれば、ひょっとしますよ」と言うと、会見場で日本の報道陣に嘲笑されました。「何を言っているんだ」と思ったのでしょうね。私は込み上げてくる怒りをぐっと抑えました。私自身、1試合限定のつもりだったので、とっとと監督を辞めて、あの場から逃げようとしていました。早く日本に帰りたいと思いながら、選手たちの待つロッカールームへ戻りました。すると、いつも冷静な山口素弘が「もうダメだ」と泣いていたんです。ウズベキスタン戦のドローの捉え方が、監督の私とはずいぶん違いました。選手たちには「この展開で引き分けることができたんだ。お前たちにはまだ可能性があるぞ」と言いました。

ヒデ そこから1試合だけのつもりが、最終予選6戦目となるＵＡＥ戦に向かっていったのですね。

岡田 苦しいのは監督、コーチだけではないんだなって。この選手たちを置いて、一人だけ逃げ出すわけにはいかないと思いました。加茂さんにすぐに電話して、「最後までやらせてください」と伝えると、「やれ」と言われました。そのあと、日本協会にも自分の思いを伝えて、引き続き指揮を執ることを確認し、そこで覚悟を決めました。あのとき、私が辞めていても、日本人監督で引き受ける人は誰もいなかった。そうなれば、外国籍監督を招へいするしかない。限られた時間のなかで、後任探しが混迷を極めることは目に見えていましたから。一番困るのは誰なのかというと、選手です。それを考えたときに、続けるという選択肢しかないなと。

ヒデ それでも、国内のマスコミ報道は過熱していました。

岡田 ウズベキスタンから帰国するときには、マスコミが待ち構えていましたからね。私が成田空港から加茂さんに会いに行くという情報が漏れていたんですよ。私もマスコミに追われるのは事前に分かっていたので、知り合いのA級ライセンス（レース用）を持ったドライバーに車で迎えに来てもらいました。空港から車を発進させると、案の定、後ろにはマスコミ関係者と思われる車、バイクがピタリと付いてくるわけです。

ヒデ そこからは、どうしたのですか。

岡田 首都高速で運転手が「岡田さん、巻きますか?」と言うので、「できるならば、頼む」とお願いしました。あれは忘れもしない4車線ある新木場。右端から左端までタイヤのグリップ音が聞こえるくらいの勢いで、一気に車線変更したんです。後ろから追いかけてくるマスコミもびっくりしたと思いますよ。でも、これは事故が起きると思ったので、それ以上はレースさながらの運転は控えてもらい、静かに高速道路を降りました。その後、いまはない銀座東急ホテルのロビーでマスコミを集めて、話しました。「これから加茂さんに会いに行くけど、絶対にあとは付けないでほしい。必ずここに戻って、取材対応をする」と約束したんです。それから、加茂さんとはじっくり話しました。あらためて「最後まで私に監督を続けさせてください」とお願いをしました。本人から直々に「そのまま続けろ」と言われ、マスコミの元に戻ったんです。腹はくくっていました。命まで取られることはないだろうって。

⚽ なぜ、カズを外したのか?

ヒデ 覚悟を決めて臨んだ最終予選は2位で終えて、プレーオフに進みました。初めてのワールドカップ出場権を争う相手は強豪のイラン。中立地であるマレーシアのジョホールバルでの一戦には日本中が注目していました。

岡田 ジョホールバルで相手のメンバーをふと見ると、イランの大黒柱がイエローカード4枚で出場停止だったんですよ。もしもあのチームにカリム・バゲリがいれば、まったく違う展開になったでしょうね。いま思い返せば、好運の連続でした。ベンチで「やられた」と思ったシーンでも、イランのエース、アリ・ダエイのヘディングシュートがバーの上を越えていきました。本当にいろいろありましたよ。私の人生は、偶然の積み重ね。周囲からは「運がいい」と言われ続けているのですが、自分でもそう思います。やっぱり、何かあるのでしょうね。最近、ようやく分かり始めました。すでに亡くなられた経済界で多大な功績を残した松下電器を創業した松下幸之助さん、京都セラミックを創業した稲盛和夫さんらが「宇宙の法則に従えば成功する」という趣旨の話をしていましたが、本当にそうだと思います。私欲を捨てて、死にもの狂いで取り組んでいると、最後は神様がご褒美をくれるんですよ。2022年のカタールワールドカップも、『三笘の1ミリ』と騒がれて、森保一監督は「運がいい」と言われますが、そこまで努力してきた過程があるからこそ起きたプレーだと思います。これが宇宙の法則。1997年のジョホールバルでは、気づきもしなかったですし、よく理解もしていませんでした。最近、そのことがよく分かります。

「死にもの狂いで取り組んでいると、最後は神様がご褒美をくれるんですよ」（岡田）

ヒデ ジョホールバルでフランス行きの切符をつかんだあと、岡田さんが「これで無事に日本に帰ることができる」と漏らしていたと伝え聞いたことがあります。

岡田 あそこでイランに負ければ、本当に日本へ帰国できないと思っていました。当時、私の自宅前には24時間体制で警察が警備し、子どもに危険が及ぶといけないので、学校の送り迎えまでしてくれていました。それくらい緊迫した状況でしたから、自分が有名になりたいとか、監督として名を上げたいとは、まったく思っていなかった。とことん考え抜いて、ワールドカップ予選を戦っていました。すると、神様が本当にご褒美をくれたんです。

ヒデ サッカーをしていれば、そういう人、チームのもとにボールは転がってくるものですよね。

岡田 それはサッカーだけではなく、すべてのことに通じるものだと思います。

ヒデ 岡田さんのよく言う『覚悟』と『想像力』は、芸人にとっても大事なことです。そこにサービス精神があるか、ないか。僕自身、2023年で芸人生活30年目を迎えていますので。その『覚悟』について聞きたいです。フランスワールドカップの切符を手にしたあと、最も大変だったのは本大会のメンバー選びだったと思います。いまだから思うのですが、カズさんを外す決断を下す伏線として、イラン戦での選手交代があったのかなと。あのとき、『2枚代え』でカズさんを下げましたよね。当時の「俺、俺」というジェスチャーも印象に残っています。岡田さんは世界で戦うことを『想像』し、高さ、スピードなどのフィジカル的な要素を考えて、カズさんを選ばなかったのでしょうか?

岡田　そうではないんです。当時、私は40歳。監督としての経験もなかったので、論理的にワールドカップのあらゆる場面を『想像』しました。もしもこの選手が負傷したときはどうするのか。勝っている展開、負けている展開のときはどうか、と。あのときのカズはヴェルディ川崎（現東京ヴェルディ）でも途中交代させられている状況でした。調子が悪かったのは事実です。世間の論調としても、「カズを外したほうがいい」という意見が多く出ていましたから。後々、カズについて語られるときには、そのことも忘れ去られていましたが……。私としては、カズに復調してもらいたかったですが、現実は調子を落としたままでした。それを考えると、先発での起用は考えられなかった。では、途中出場のカードとして切れるのか。よく考えました。負けている展開であれば、高さのある呂比須ワグナーのほうが良かった。勝っている展開であれば、前線から追い回すことができる岡野雅行のほうがベストだと思いました。どれだけシミュレーションしても、カズを起用する場面が頭に浮かんでこなかったんです。カズの選出について、私なりの見解を伝えて、コーチに相談すると、2

つの意見が出ました。「外せば、大変なことになる」「それならば、外したほうがいい」。

ヒデ　そこから、どれくらい悩まれたのですか。

岡田　一晩は考えましたね。さすがに寝られなかった。正直、心の余裕もなかったです。最後は自分の考えに従い、外しました。その選択に私心はありません。私はただチームが勝つことだけを考えて、決断を下しました。きっとどこかでカズも理解してくれたんだと思っています。だから、そのあとも普通に付き合えているんです。いまでも覚えているのは、フランスワールドカップから7年後。偶然、国立競技場で息子を連れたカズに遭遇し、「岡田さん、息子にサインを書いてほしい」と頼まれたときはすごくうれしかった。

ヒデ　いまでも親交があるのですか。

岡田　もちろん、電話でも話す仲ですよ。あまりこういうハッピーエンド的な話をすると、このエピソードの価値が下がりますね（笑）。表立っては、微妙な関係のほうがいいのかな。

ヒデ　因縁めいたものがあったほうが、取材も来ますからね（笑）。マジメな話をすると、いまの話を聞いてこちら側もうれしくなってきます。トップアスリート同士、分かり合えるんですね。

岡田　いま思い返しても、当時考えられるベストのチームをつくったと思っています。

⚽中田英寿のパスを生かすために

ヒデ　登録22人の中にGKは楢﨑（正剛）くん、（川口）能活、小島（伸幸）さんと3人を登録しました。

岡田　ケガのリスクを考えました。FIFAのルール上、23人目、24人目の選手を現地のフランスに待機させることはできなかったんです。ケガをした時点で招集可能になります。ヨーロッパの国は可能かもしれませんが、日本から急に呼ぶのは現実的ではありません。その事情を考えれば、3人登録するしかなかったんです。

ヒデ　当時18歳だった小野伸二を入れたことも衝撃的でした。生意気ながら、世界で戦うために将来を見据えて選んだんだな、と思いました。

岡田　そこまで、考えていなかったですよ。みなさんに同じようなことを言ってもらえるのですが、実は違います。根本的な話をすると、フランス大会はヒデ（中田英寿）のチームでした。彼のパスを生かせる選手を選んでいたんです。南アフリカ大会では遠藤保仁、中村俊輔といったゲームメーカーたちが出てきましたが、当時はヒデを経由しないと、攻撃にならなかったので。チームではヒデ、山口素弘、名波浩はいつも一緒に組ませて、練習していました。

ヒデ　またそこでシミュレーションをしたのですね。

岡田　ヒデがケガで欠場したときには、天才の（小野）伸二に攻撃を託すしかないと思いました。当時は将来のことなど、まったく考えていなかったです。

ヒデ　何かを起こす可能性を感じさせましたから。

岡田　そう、そこに懸けていたんです。とはいえ、何度も言いますが、ヒデありきでしたよ。

ヒデ　グループステージ初戦となったアルゼンチン戦の強いスルーパスにはしびれました。ゴンさん（中山雅史）がトラップミスをしてしまいましたが、中田英寿のメッセージが込められていたと思います。「このパススピードでないと、世界では通用しないんだよ。しっかりトラップして決めてよ」と。また、サッカーが好きな日本国民全体へのメッセージでもあったのかなと。

岡田　ヒデは特別に技術が高かったわけではありません。だけど、頭が良くて、正確で強いボールを蹴ることができました。なおかつ、フィジカルが強くて、ピッチ全体も見えていました。当時は日本中を探しても、それらの要素を持っているのは、彼以外にいなかったんです。いまでも日本サッカー史上、一番良い選手じゃないかなと思います。近いうちに一緒に食事に行く約束をしているんですよ（笑）。

ヒデ　きっとそのころには、この本も発行されているかと思います（笑）。実は僕、仕事の関係でフランスワールドカップ・グループステージ第3戦の日本対ジャマイカは、現地で観戦しているんです。同い年の名良橋晃とは千葉選抜のチームメートであり、相馬直樹とは学生時代から同じピッチで戦っていた仲なんです。あの試合のあと、井原正巳さん、川口能活さんが号泣していたのをよく覚えています。

岡田 私は滅多に泣くことはありませんから。

ヒデ 岡田さんの涙といえば、2010年南アフリカワールドカップ。決勝トーナメント1回戦でパラグアイにPK戦で負けたあと、目を真っ赤にして泣いているように見えました。

岡田 いやー、泣いたかな? 先ほど、私心をなくす話をしましたけど、これがなかなか難しくて。私は監督時代、ロッカールームで座禅を組むこともありました。完全に私心をなくすことができたときは、試合前に「勝つ」と分かるんですよ。まさに南アフリカ大会初戦のカメルーン戦がそうでした。スタジアムに入ると、すべてをコントロールできている気持ちになりました。例えるなら、アニメ『ドラゴンボール』の元気玉のように気が集まってきているような感じです。2戦目のオランダ戦は違いました。「何かがおかしいな」と思っていると、0対1で負けました。ただ、3戦目のデンマーク戦の前には「勝つ」空気を感じなかったのですが、勝つことができました。

ヒデ では、パラグアイ戦の前はどうだったのでしょうか。

岡田 パラグアイ戦は、私心をほとんどなくすことができて、「これは絶対に勝つな」と思っていました。2004年、横浜F・マリノスの監督をしているときも、チャンピオンシップで「きょうは浦和レッズに勝てる」と思って臨み、J1リーグで優勝できました。だから、パラグアイ戦に負けたとき、「あれ、なんでだろ」と思いました。PKを外した駒野友一のところに駆け寄り、「お前のせいではない」と声をかけ、みんなにも「よく頑張った」と言いながらも、グラウンドでずっと考えていました。心のどこかでグループステージを突破したことで少し満足していたのかもしれません。そこに、わずかな心のスキが生まれたのかなって。だから、監督として選手たちに申し訳ない気持ちもあり、悔しさが込み上げてきたんです。

ヒデ そうだったんですね。僕は大久保嘉人の肩をポンポンと叩いて、泣いているように見えたので、岡田さん自身がこれで代表監督として一区切りをつけるという思いだったのかな……と勝手に思っていました。そこまで、自身に対して、厳しさを持って臨んでいたとは思いませんでした。でも、いまの話を聞いて僕のなかで紐づけができました。岡田さんはいつも冷静で、ときには冷酷な一面も持ち合わせていますが、核となるところにはやはり熱いハートがあるんですね。Jリーグが発足前からサッカー界に心血を注いできた先人の考えを聞き、あらためて僕自身、サッカーが好きで、サッカーをしていて良かったな、と思いました。岡田さんをはじめ、サッカーの監督は、自ら責任を背負い込む人が多い気がします。

岡田 サッカーは監督の采配、マネジメントひとつで大きく変わりますから。Jリーグの歴史を振り返れば、アーセン・ベンゲル監督、イビチャ・オシム監督など、多くの優秀な監督がチームを指揮しましたが、偉大な指導者をそのままコピーしても、うまくいきません。ベンゲル監督の指導法は、ベンゲル監督が指揮するから、意味があるんです。監督それぞれに個性があり、醸し出すオーラがあります。つまり、自分の指導法を確立しないといけないんです。だから、監督によって、これほど変わるんだと思います。監督として勉強することは大事ですが、自分自身をつくり上げていかないと。

ヒデ 芸人の世界も通じるものがあります。ダウンタウンさんにあこがれて入ったとしても、同じことをしても絶対に成功しません。

岡田 それはそうですね（笑）。

ヒデ 僕は「椅子をつくる」と表現しますが、自分たちの個性に合ったキャラクターをつくっていかないといけません。ウチのコンビであれば、サッカーをしていたので、体を使ったコントをするとか。しゃべりが特別にうまいわけでもなく、たとえ漫才にあこがれていたとしても、難しかったでしょうね。もちろん、勉強は必要です。情報も入れます。ですが、身の丈に合ったことをすべきですし、オリジナリティーを追求していかないと生き残っていけません。ただ表面をなぞっても、見ている側には伝わらないので。サッカーの監督も同じで、ただマネしているだけでは、選手たちに見抜かれてしまいますよね。

岡田 そのとおりです。監督経験を積むとは、そういうこと。1998年フランス大会と2010年南アフリカ大会では、私自身もまた違いましたからね。メンバー選考もそう。南アフリカ大会のときは、アジア予選の途中で（川口）能活を外しました。彼くらいの実績がある選手であれば、監督自ら直接、出向いて説明に行くんです。静岡のホテルで本人と話して、メンバーから外すことを伝えました。でも、あのとき「ノーチャンスではない。ワールドカップまでまだ1年以上ある。私は見ているから」と付け加えました。

ヒデ こんなところに、あのサプライズ選出の伏線があったのですね。

岡田 ただ外すことを伝えたあと、能活はすごくショックを受けていました。しかも、その後、すぐに大ケガをして残りのシーズン、1試合も出場できなくて……。

ヒデ それでもメンバーに呼びました。

岡田 最終メンバー発表の前に彼に電話したんです。「メンバーに入れようと思っているんだけど、来てくれるか」と。

ヒデ 能活はなんて答えたのですか?

岡田 「考えさせてほしいです」って。少し驚きましたが、その場では私も「分かった」と言いました。すると、30分も経たずに折り返しの電話が来ました。「岡田さん、先ほどの話ですが、23人のメンバーに入るということですか?」と。あらためて「そうだ」と伝えると、今度は彼が驚いていました。10年のときは私も監督として経験を積み、余裕もありました。いろいろなことを考えることができました。たとえ、決勝まで勝ち進んだとしても、1試合も出場できない選手が出てくるかもなって。では、23人目の選手はどうするのか。そこで、出てきたのがベテランの能活でした。彼は一生懸命に練習しながら、他の選手のために水の準備までしてくれます。あれほど実績ある先輩が献身的に働ければ、他の選手たちは誰も文句を言えませんよね。だから、私は能活をチームキャプテンにしたんです。もしかすると、1998年のときに私がもっと監督経験を積んでいれば、カズを入れていたかもしれないですね。もちろん、だからと言って、カズを外したことに対し、後悔はないです。

ヒデ 戦術、采配だけではなく、チームのマネジメントに力を注いでいたのですね。岡田さんの著書を読ませてもらったのですが、世界の列強と肩を並べていくためには育成年代からの意識改革が必要だという趣旨のことを書かれていました。

岡田 選手の主体性ですね。「監督、どうすればいいのですか」と聞くのではなく、「自分がどうしたいのか」を考えないといけません。現在、代表取締役会長を務めているFC今治でスペイン人のリュイス・プラナグマ監督を招へいしたときに「日本人は素晴らしい。指示したことをすべてしてくれる。スペイン人は全然しないから」と話していました。そのとき、私は注意を促したんです。「気をつけたほうがいい。監督の指示したことしか、やらなくなるぞ」と。案の定、私が危惧していたとおりになってしまいました。プラナグマ監督は「なんでなんだ?」と嘆いていました。

ヒデ 多くの日本人選手は、言われたことは忠実にこなしますからね。

岡田 これがヨーロッパ、南米の選手になると、違うんですよ。まだ私が日本代表監督を務めているときでした。来日したチリ代表を視察したスカウト部隊が細かいレポートを上げてきました。マルセロ・ビエルサ監督の戦術練習を分析し、「ここから攻めると、崩せます」と。いざ試合が始まると、チリの選手たちは監督の指示なんて、ほとんど聞いていないんですよ。勝利の欲求に従って、プレーしていました（笑）。日本人は頭で考えてから動く習慣がついていますが、実際の試合になれば、立ち止まって考える時間などありません。判断が遅れますから。本来、サッカーは自分のプレーで自分の人生を決めることができるもの。でも、日本人全般に言えることですが、周りのせい、人のせいにする人が多いですよね。私はその思考を変えていきたいと思っています。そうしなければ、これからもずっと変わらない。２０１６年に亡くなったラグビー元日本代表の平尾誠二さんとも「主体性を持たせるには、どうすればいいのか」とよく議論しました。自分で考える選手を育てていかないと。いまは随分と良くなってきましたけどね。まだまだ、改善すべき点は多いですよ。

ヒデ　主体性こそが、日本代表が世界と戦っていくために必要なものだと。

岡田　すごく重要な要素でしょうね。森保ジャパンの話をしますが、2019年11月のベネズエラ戦は前半で0対4になりました。ハーフタイムのロッカールームは、どうだったのか。選手たち同士で議論もしなかったそうです。これがブラジル代表であれば、どうか。監督はさておき、まず選手たち同士で激しい話し合いが行われるでしょうね。ピッチでプレーするのは選手たちです。これは大人になってからではなく、子どものころからの教育の問題。だからいま、そこにも取り組んでいるところです。

⚽日本がワールドカップで優勝するために

ヒデ　日本サッカー協会は、2050年にワールドカップ優勝という目標を掲げています。

岡田　私はいま、67歳です。そのころは生きていませんよ（笑）。

ヒデ　ワールドカップの怖さ、素晴らしさを知っているからこそ、岡田さんに聞きます。いまあらためて、日本サッカーが世界の頂点に立つために必要なものとは何でしょうか。

岡田　日本のサッカーは、間違いなく進歩しています。海外から見れば、ここまで急激に強くなった国は世界を見渡しても、そうはないと思います。以前であれば技術はそこそこだけど、試合では使えないよねと言われていましたが、いまはより実戦で通用するようになっています。何よりもフィジカルが向上しました。ひと昔前であれば、イングランドのプレミアリーグでストッパーをするなんて、考えられなかったですよ。それが吉田麻也はサウサンプトンで8シーズンもプレーしました。そして、次は1対1で突破する選手が出てきた。ブライトンの三笘薫の活躍には驚きましたね。スペインリーグでプレーするレアル・ソシエダの久保建英、フランスリーグでプレーするランスの伊東純也もそうです。これまではパスワークで崩していく発想ばかりでしたが、いまは個人で勝負できます。日本サッカーは劇的に変わってきました。このままいけば、目標を十分に達成する可能性はあると思っています。

ヒデ　僕は2050年までに日本がワールドカップで優勝するためには、Jリーグの盛り上がりは欠かせないと思っています。現時点では多くの有望な若手がヨーロッパでプレーしています。早い時期からヨーロッパでチャレンジしたほうがいいのでしょうか。

岡田 いまのところ、そうでしょうね。少し尖った攻撃的な選手が、Jリーグでは守備をほどほどにしかしなかったのに、ドイツではスライディングしてボールに食らいついています。守備ができなければ、ヨーロッパでは相手にされませんからね。意識を変える上では、海外経験は必要かなと。南アフリカ大会の代表チームでは、こんなことがありました。相手のシュートに対して、「もっと間合いを詰めろ」と指示しても、なかなか寄せ切らないんですよ。Jリーグでは距離を詰めなくても、相手のFWがシュートミスしますから。だから、私は大会前に「強いチームとテストマッチをしたい。負けてもいいから」と協会にお願いをしました。実際、イングランド、コートジボワールと戦ったときに、ミドルシュートが次から次に枠に飛んできたんですよ。そこで長友佑都が「寄せないとやられるぞ!」と言い出して、変わったのはそこから。寄せる感覚をつかむのは大事。やはり、ヨーロッパに行ったほうが成長速度は速いかもしれませんね。

ヒデ ピッチの上で戦えるかどうかですか。アタッカーといえども、守備は大事になるのですね。

岡田 そうです。日本人の指導者も話していると思いますが、なかなか素直に言うことを聞かない選手もいます。それが、現地でヨーロッパの指導者に言われると、すんなり聞くんですよ。私が代表監督を務めているときから「ボール際で勝たないといけない」と言い続けていましたが、2015年にヴァイッド・ハリルホジッチ監督が就任し、『デュエル』という言葉に変換された途端、ボール際の重要性が広く認識されるようになりました。いやいや、昔から私も言っていましたよと。

ヒデ 日本人は、ヨーロッパから来た言葉に弱いんですかね。

岡田 日本は江戸時代からそうですが、『黒船』が来たら、変わるんですよ(笑)。冗談はさておき、日本のサッカーは大きく変わりましたよ。Jリーグが創設され、元ブラジル代表のジーコ、リトバルスキー、ジョルジーニョら本物が来るようになり、プロサッカー選手のあるべき姿が見直されるようになったのは大きいです。彼らは食事、睡眠などコンディション管理を徹底していたんです。アマチュア時代の名残りがまだ抜けていない一部の有名な日本人選手たちは面食らっていましたよ。「本物って、こうなんだ」って。当時は歓楽街で夜遊びをするのがスターだと思っている節がありましたから。

ヒデ　Jリーグの初期のころは、遊んでいる選手は多かったようですね。

岡田　徐々にプロフェッショナルな意識に変わり、いまがあるんだと思います。

⚽「自分は選手を育てているのだろうか」

ヒデ　2023年にはJリーグが30周年を迎えました。岡田さんはジェフユナイテッド市原のコーチに始まり、監督としてコンサドーレ札幌をJ1昇格に導き、横浜F・マリノスではJリーグ優勝も経験しています。

岡田　私は同じことを繰り返せないんです。２００３年に横浜Ｆ・マリノスの監督就任１年目で２ステージを制覇し、完全優勝を果たしました。２年目も同じようなメンバー、同じ戦術で戦えば、ある程度の星勘定はできました。ただ、それでは面白くないので、新しいことにチャレンジすると、開幕から引き分けて、２節ではジェフユナイテッド市原に０対３の完敗。これはマズイと思い、すぐに軌道修正しました。そこからまた勝ち始め、１ｓｔステージを優勝しました。勝利から逆算し、継続することが大事なのですが、同じことをやり続けるのは性に合っていないんです。

ヒデ　確立した勝利の方程式を他のクラブで試してみようとは思わなかったのですか？　例えるならば、また違う箱を開けてみようとか。

岡田　うーん。正直、横浜Ｆ・マリノスで指導者としての限界を感じたんです。私は確率論で考えるので、一般的にサッカーの得点は30％、40％がセットプレーと言われています。残りの70％、60％のうち、後ろからビルドアップして得点しているのは何％あるのか？　調べてみると、10％程度しかないんです。では、残りは何か？　それはカウンターアタックです。その確率から考えると、カウンターを防ぐことができれば、失点は激減します。自軍が攻めているときでも、敵軍のFWは1人くらい前線に残っています。それに対し、ディフェンダーを2人残すのが定石。そのポジショニングまで細かく指示を出していました。ボールサイドに近いところの1メートル前に1人、逆サイドの3メートル後ろに1人。相手FWにパスが通ってしまうと、失点につながる可能性が高くなります。ただ、選手たちは分かっていても、ときに集中力を欠いて、ケアを怠ってしまうんです。だから、私は合言葉を作りました。カウンターに備えるために、GKには味方のディフェンダーに「近くの前、遠くの後ろ」とコーチングさせていました。攻撃に関しても、失点のリスクを減らすために中央突破ではなく、サイド攻撃を徹底させました。もちろん、中央に穴があれば、突けばいいですが、固められていると、とにかく「外から攻めろ」と大きな声を張り上げていました。

ヒデ　選手たちからは文句は出なかったのですか。

岡田　最初のうちは嫌そうな顔をしていました。それでも、結果が付いてくると、どうなるのか。選手たちは中央が空いているときも、考えもせずに外から攻め始めました。それで、私は苦しんだんです。「自分は選手を育てているのだろうか」と自問自答した時期はありました。

ヒデ　監督として葛藤を抱えていたとはいえ、日本代表、Ｊリーグの指揮官として実績を残してきたと思います。それなのになぜ、監督業から離れて、２０１４年当時は地域リーグだったＦＣ今治のオーナーに就任したのでしょうか。

「ワクワクしていないと、気が済まないんでしょうね。壁があればあるほど、登りたくなる性格なので」（岡田）

岡田　ワクワクしていないと、気が済まないんでしょうね。壁があればあるほど、登りたくなる性格なので。具体的な話をすると、根底から育成の改革をしてみたかったんです。日本では主体性を促すために育成年代で自由を与え、16歳から対応策を覚えさせるために戦術を教えるのが一般的になりつつあります。私は、その全く逆の育成プログラムを実験してみたかった。16歳までの育成年代に原則を教え込み、その後、自由にさせる。むしろ、このプロセスのほうが主体性を持った自立した選手を育てられるかもしれないなって。なぜ、今治だったのかといえば、一からスタートできるからです。実はJリーグの3クラブが全権委任の提案をしてくれたのですが、お断りしました。元々ある組織を壊すのは、大変な労力がかかります。きっとネガティブな感情を持つ人たちも生

▲今治里山スタジアムにて。この場所から新たな夢の物語が紡がれています

まれるでしょう。そこにエネルギーを割きたくなかったんです。

⚽なぜ、今治だったのか？

ヒデ なるほど。一から築き上げていくためには、まっさらな状態である必要があったのですね。ところで、今治に縁はあったのですか。

岡田 私の先輩に四国で会社を経営している人がいまして、「株式上場を手伝ってほしい」と頼まれ、教育担当顧問として、年2回ほどは足を運んでいたんです。その先輩もサッカーが好きで四国リーグのチームを所有していました。そして、あるとき相談させてもらいました。私の頭の中にある新しい育成プランを話すと「それは面白いからぜひやってみろ」と言われて、すべてが動き出しました。先輩に言われたとおり、まず株式を51％取得しました。すると気がつけば、オーナーになってしまいました。

ヒデ そうなりますよね（笑）。

岡田　大してお金もないのにオーナーに就任してしまったので、そこからが大変でした。代表取締役を雇う資金の余裕もなかったため、オーナー兼社長になることになったんです。現場に行く暇もないです。予想していた以上にクラブ経営は、苦労が絶えません。いまも100人くらいの社員、スタッフの給料を払っているんです。そう簡単に倒産させるわけにはいきませんよね。社員には家族もいますから。

ヒデ　完全に現場から離れていても、ピッチの外から見ていると、勝負の綾は分かるものですか。

岡田　数多くの試合を見てきているので、勝つパターン、負けるパターンはだいたい読めますね。かなりの確率で的中させるので、周りのコーチは驚くのですが、自分でもなぜ、勝負の行方が見えるのかは分かりません。現場にいると、負けそうなときはすぐに修正できますが、スタンドからでは何もできませんから。いまでも覚えているのは、2022年の雨が降っていたリーグ戦のある試合でした。「ボールが動かなくて、0対0だな」と思っていたらゲーム終盤にPKをもらったんですよ。これは勝ち逃げできるなと確信したのですが、ＰＫをセットしたのはそのシーズン、1点も取っていないブラジル人でした。私もあまりキックが得意ではないことを知っていたので、スタンドの上からベンチに向かって叫びました。「他の選手に蹴らせろ！」って。私の声に気づいた監督はピッチに指示を送っていましたが、それを無視してブラジル人が蹴り、案の定、失敗です。その瞬間、クラブハウスの壁を蹴ってしまい、大きな穴を開けてしまいました。

ヒデ　将棋と同じような感覚なのでしょうか。選手は決まった動きしかできない駒とは違いますが、経験則から導かれるシチュエーションになると、先が見えるものなんですね。

岡田　だから、試合を直視できないこともあります（笑）。負けパターン、引き分けのパターンにはまっているのに、監督がいつまで経っても修正しないときは、静かにクラブハウスの部屋に戻り、スマートフォンで試合を見ています。スタンドから眺めていると、イライラしてじっとしていられないんです。

ヒデ　そこまで思っているのであれば、もう一度、現場復帰したいという思いはないのですか。

岡田 もうないですね。今治市にある学校法人の学園長にも就任しましたし、他にやるべきことが山ほどありますので。

ヒデ 今治の街の雰囲気、人たちに突き動かされているのですか。

岡田 私はフットワークが軽いんです。『とにかく、やってみる』がモットー。少しでも興味があれば、話を聞きに行きます。もちろん、「これは違うな」と思うこともあるのですが、私の後ろに付いてきている人たちもいるので、もう引き返せなくなっているパターンがほとんどですが(笑)。

ヒデ 後ろに戻れない性格なんですね。生意気なことを言いますが、だから、みんな岡田さんに任せてしまうんだと思います。いまはベンチで指揮する監督ではありませんが、人生のゲームは続いているんですね。

岡田 私は幸せですよ。同期の仲間たちはすでにリタイアし、悠々自適に過ごしている者もいるなか、いまもワクワクしながら人生を送れています。毎日が忙しくて大変ではありますけどね。長年、連れ添っている妻からは「こんなさびしい老後を送るとは思いませんでした」と言われていますが（笑）。

この場所で叶えたい夢

ヒデ　岡田さんの野望は、まだまだ尽きないみたいですね。クラブスタッフから聞くと、２０２３年にできたばかりの今治里山スタジアムもさらに増設していくとか。

岡田　スタジアムのスタンドから見える今治の街と瀬戸内海が見える景色は残したいので、バックスタンドは屋根を付け、あと一段だけ上へ伸ばすつもりです。その代わり、ゴール裏のスタンドを壁のように高くするつもりです。イメージは、ドルトムント（ドイツ）のホームスタジアム「ジグナル・イドゥナ・パルク」。

ヒデ　それは壮大な計画ですね。

岡田　あと15億円くらい、資金が必要になるかな。

ヒデ　街、地元企業からも多くのバックアップをしてもらっているようですね。

岡田　非常にありがたい話です。ただ、地元だけではなく、当初から東京のＩＴ系企業、金融系の起業家らも応援してくれています。

ヒデ　今治里山スタジアムは、本当の複合施設ですね。一つの「街」と言ってもいいかもしれません。若い家族連れからご年配の方まで、誰もが楽しめる場所になっています。何よりスタジアムに柵がない。日本にはなかなかないスタジアムだと思います。

岡田　不思議なものですよ。試合日以外は誰でも出入りできるのですが、いまだにピッチに入った人は誰もいません。

ヒデ　岡田さんがよく話される「ルールよりもモラル」ですか。

岡田　まさにそう。ピッチは神聖な場所。昔、マンチェスター・ユナイテッド（イングランド）の本拠地オールド・トラフォードに行ったときのことが忘れられません。ピッチに近づこうとした瞬間、グラウンドキーパーが飛んできました。「ＮＯ！　ここは女王陛下でも勝手に入ることはできないんだ」って。これもある意味、ブランディング。今治里山スタジアムの芝生も同じです。

ヒデ　ピッチに向かう通路の床を見ると、「PRIDE OF IMABARI」という文字が書かれていました。選手たちが戦うピッチは、誇り高き場所ですからね。ただ、スタジアム全体を見渡すと、どこかのどかな雰囲気も漂っています。

岡田　ピッチでは選手たちが熱く戦いますが、スタンドに座るファン、サポーターまでそうならなくてもいいのかなと。楽しみ方はそれぞれあっていい。熱狂的な応援がすべてではないです。特に今治は土地柄的にも高齢者の割合が、高くなっていますからね。私は温かく見守るような応援スタイルがあってもいいと思っています。

ヒデ　親子三世代でスタジアムに足を運んでいる姿が、目に浮かんできます。理想の形ですよね。

岡田　まだ描いているビジョンの50％にも到達していませんよ。近々、スタジアム横にバーベキューハウスを造り、サウナも設置する予定です。周辺には学校の校舎も造ろうと思っています。FC今治に所属するアカデミーの子どもたちもいれば、地域の子どもたちもいる。

ヒデ　アカデミーの寮もそこにあるのでしょうか？

岡田　それはまた別の場所に造る予定です。ユース（高校年代）だけではなく、ジュニアユース（中学年代）の選手たちも入れるようにするつもりです。以前は中学生までは親と一緒に暮らしたほうがいいと思っていたのですが、最近、考え方が変わってきました。早くから親元を離れることで自立心も芽生えると思うんです。

ヒデ　僕も親で子どもを育てているので分かりますが、育つ環境で大きく変わりますよね。

岡田　環境は大事。親がいなくても、子どもは育ちます。むしろ、親が子どもの成長を阻害していることもあります。子どものことを心配するあまり、何から何までお膳立てしてあげる親もいますから。それをすると、主体性を持てなくなってくるんです。

ヒデ　なるほど。それがサッカーにもつながってくるのですね。ピッチの中では、選手自身が判断しないといけません。自ら考える力を持った子どもたちが成長し、プロの舞台で活躍するようになるのは本当に楽しみです。

岡田　これからですよ。

ヒデ　30年後の今治、日本サッカーはどうなっているのでしょうか？

岡田　本音を話せば、先のことはまったく分からない。これからはロールモデルのない時代を生きていかなければいけません。世界情勢は目まぐるしく変わり、長足の進歩で情報化社会も進んでいます。毎年、何が起きるか予想するのは難しいです。だからこそ、心身ともにタフである必要がありますし、繰り返し話してきた主体性が大事になってきます。誰かが何かをしてくれる時代ではないです。生きていくためには、自分で考え、自分で行動しないといけない。想定外のことが起きても、主体的に適応しないと。そして、共助のコミュニティーをつくってもらいたい。組織、グループを先頭でけん引するリーダーシップではなく、みんなを巻き込んでいく力が必要になってきます。私はそれをキャプテンシーと呼んでいます。学校では、仲間を巻き込む力を持った人間を育てていきたいです。全国各地のJクラブが中心となって共助のコミュニティーをつくっていけば、日本全体も変えることができるのではないか、と思っています。将来、夏場の日中は運動できない気候になっている可能性もあります。スポーツの価値とは何か。ただ運動するだけではなく、コミュニティーをつくる場になればいいなと。今治の話をすれば、そのコミュニティーに入れば、みんな融通して、衣食住を保証されるようにしたい。ある人が畑を耕せば、ある人はその材料で調理し、食事を提供する。住む場所がなければ、空いている部屋を提供する。そのすべての中心にサッカークラブがある。ＦＣ今治は、スペインのバルセロナ以上の存在になるべきだと思っています。将来的にはサッカーを社会インフラの中心にするのが夢ですね。

ヒデ　想像をはるかに超えるスケールの大きさです。

岡田　理想を実現していくためには、まずサッカーで結果を残さないといけません。Ｊ1リーグで優勝を争うくらいの力はつけないと。もちろん、そのためには強化費も必要。例えば、ＦＣ今治のコミュニティーに入る人が15万人集まれば、一人３０００円でも4億5０００万円、50万

「FC今治は、スペインのバルセロナ以上の存在になるべきだと思っています。将来的にはサッカーを社会インフラの中心にするのが夢です」（岡田）

人になれば15億円、１００万人になれば30億円です。Ｊ１のクラブに対抗していくためには、予算規模を増やしていかないといけません。

ヒデ　競技、スポーツの垣根を越えて、文化、教育などを複合的に考えた大きな取り組みを今治で進めているのですね。まさに、日本サッカーのロールモデルになろうとしています。

岡田　新しい時代を生きていくために、スポーツはどのような役割を演じることができるのかを真剣に考えていく必要があるでしょうね。

ヒデ　これからのＦＣ今治、岡田さんを楽しみにしています。

▲FC今治のクラブハウスで行われた岡田さんとの対談。
初出しのエピソード満載の濃密な時間に

取材後記のようなもの in 今治

岡田さんに〝ポゼッション〟されながらも、驚きの秘話も聞けた今治への弾丸旅

岡田さんとの対談は、あっという間に約束の時間が過ぎました。話はどこを取っても面白く、また奥が深かった。こちらも数多く質問を用意し、シミュレーションもしましたが、実際、対談が始まってみると、主導権を握っていたのは完全に岡田さん。ずっと〝ポゼッション〟されていましたね。

聞きたかった日本中を驚かせたカズさんの落選の話も、先手を打たれた感じでした。特に印象に残っているのは、1998年ワールドカップで本大会のメンバーからカズさんを外した7年後の話。国立競技場で息子を連れたカズさんと会い、

サインを頼まれたくだりは心に染みました。まさにトップを走るプロのアスリート同士ならではのエピソードだったと思います。

今治里山スタジアムを出たあとも、しばらく余韻が残っていました。帰りは岡田さんのマネージャーを務める息子の岡田洋嗣さんに今治駅まで車で送ってもらい（本当にいろいろとありがとうございました）、長い時間をかけて帰路に着きましたが、僕の気持ちはとても晴れ晴れとしていました。

ヒデ

GO to the NEXT INTERVIEW

「ヤット」に会いたくて

今治での対談取材を終え、書籍『なぜ、僕らはこんなにもサッカーが好きなのだろう』の制作は最高のスタートが切れたなか、次なる対談相手の人選についても悩む必要はほとんどなかったんです。僕のなかでは、岡田武史さんとの対談でも話が出てきた「あの選手」で決まっていました。

日本代表、ワールドカップ、Jリーグのすべてを語ることができるのは、遠藤保仁しかいないなと。ここからは親しみを込めて「ヤット」と呼びますが、J30ベストアウォーズで30年間のMVPに選ばれたほどの選手ですから。それこそ、この章のメインテーマでもある「あの時、何が…」あったのかをはじめ、聞きたいことは山ほどありました。

取材日＝2023年9月

残暑が厳しい2023年9月のある日、ジュビロ磐田のクラブカラーであるスカイブルーのセットアップを用意し、ヤットが所属するジュビロ磐田のクラブハウスへ向かいました。到着後、待機させてもらったのは冷房の効いた大きな部屋。早速インタビューの準備に取り掛かり、聞きたいことを書き出したスマートフォンの質問メモを再確認しました。そして、しばらくすると、練習を終えたばかりの精悍な顔つきのヤットが部屋に入ってきました。「ヒデさん、お久しぶりです！　お待たせしました」といつもの温和で柔らかい笑顔で挨拶され、すっと現場の空気が和むから不思議です。

岡田さんに続いて、日本サッカー界を代表するレジェンドとのスペシャル対談。そのキックオフの笛が鳴らされました。

あの時、何が…

スペシャル対談
EPISODE
2

PROFILE
遠藤保仁
えんどう・やすひと／1980年1月28日生まれ。鹿児島県出身。1998年に鹿児島実高から横浜フリューゲルスに入団。京都パープルサンガを経て、2001年にガンバ大阪に加入すると、05年のリーグ制覇、08年のACL優勝、14年の三冠達成など、数々のタイトルを獲得。2020年途中からは新たな環境を求め、ジュビロ磐田に加入し2023年をもって現役を引退。23年に行われた「J 30ベストアウォーズ」ではJリーグ30年のMVPにも選ばれた。日本代表としても152試合の歴代最多出場を誇る。

遠藤保仁
×ペナルティ・ヒデ

対談企画の２人目は、ジュビロ磐田の遠藤保仁が登場。
日本代表としてはもちろん、2023年に行われた
「J30ベストアウォーズ」では
30年間のMVPにも選ばれたレジェンド。
日本サッカー界に名を刻んだヤットに、
Jリーグ、日本代表、ワールドカップ、
さらには、来世の秘めたる夢（!?）を語り尽くしてもらった。

取材協力＝ONE CLIP株式会社
ジュビロ磐田

取材日＝2023年9月

⚽ 遠藤自身が選ぶJ30年のMVPは？

ヒデ 2023年5月に行われた「J30ベストアウォーズ」においてJリーグ30年のMVPに選ばれましたが、もしもヤットさん（遠藤保仁）自身がMVPを選ぶとすれば、誰を選出しますか？

遠藤 うーん、僕ですね。

ヒデ 出ました！　オープニングは笑いありで、柔らかい空気にしてくれるんだろうなと思っていました。ただ、客観的に判断したとしても、ご自身という選択肢はありますよね。もちろん、先輩への敬意を払いながらだと思いますが、1998年からJリーグ一筋でプレーしているというのは大きいですか。

遠藤 それはありますね。2023年で26年目を迎えているのですが、ほかにそんな選手はいないと思います。

ヒデ 長年、Jリーグの一線で活躍を続けていることを考えれば、ヤットさん以外はいないんですよね。Ｊ１、Ｊ２通算のリーグ戦試合数も７００試合（２０２３シーズン終了時点）に迫る数字になっています。

遠藤 出場試合数を見ても、他にいませんよね。

ヒデ １９９３年にJリーグが開幕したときは、ヤットさんは中学2年生でした。そのときからプロを意識していたのですか。

遠藤 漠然としたイメージですが、小さいころからお金をもらって、サッカーで生活することはなんとなく考えていました。そんななか、Jリーグが創設されたので、具体的な目標になった感じです。やっぱり兄貴が横浜マリノスに入った影響が大きいと思います。

ヒデ 実は僕、ヤットさんの実家に行ったことがあるんですよ。サッカーとは関係のないロケで鹿児島の桜島にいたので、せっかくだから、「行ってみるか」と。街の人たちに聞けば、みんな知っているんですね。丁寧に家まで案内してもらいました。いま考えれば、プライバシーも何もないですね（笑）。

遠藤　まさか、実家に来ていたとは知らなかったです。

ヒデ　あの土地で、あの遠藤保仁が育ってきたのか、と思いました。鹿児島実業高の中心選手として高校選手権で活躍し、高卒1年目から横浜フリューゲルスでレギュラーになりました。確かルーキーのときの監督は、スペイン人のカルロス・レシャック監督でしたね。

遠藤　プロキャリアをスタートするにあたり、レシャック監督との出会いは大きかったです。一般的に外国籍監督のほうが、若手を大胆に起用する傾向がありますから。もしも、日本人監督であれば、良くてもベンチメンバー。もしかすると、控えにも入ることができなかったかもしれませんね。

ヒデ　なるほど。では、良いスタートを切れたのですね。

遠藤　シーズン前のスペイン・キャンプで手応えをつかんだんです。当時のフリューゲルスは現代サッカーのようにフィジカル重視のスタイルではなく、よりテクニックを重視したチームでした。僕のスタイルに合致したのは大きかったです。

ヒデ　とはいえ、1998年のフリューゲルスのメンバーを見ると、ブラジル代表のサンパイオ、ロシア代表のイゴール・レディアコフ、のちに日本代表となる三浦淳宏ら錚々《そうそう》たる選手たちがそろっていました。

遠藤　周りを見渡せば、おっしゃるとおり、すごい選手たちばかりでした。ただ、ルーキーイヤーは自分のプレースタイルをアピールすることしか考えていなかったです。先輩、監督に少しでも自分のことを理解してもらうことで必死でした。

ヒデ　新人時代はそうですよね。僕も2023年で芸歴が30年。芸人の世界も同じで、うちの相方はデビュー当時、楽屋の中で全裸になって一発ギャグをしていましたから。漢字は違いますが、同じ寧人（やすひと）なんです。もちろん、アピールするだけでもダメ。芸人であれば、制作サイドの意図を汲み取らないといけません。サッカーの世界でも、監督の戦い方、戦術に合わせる作業は必要ですよね？

遠藤　もちろん、合わせる作業はしますが、プロ1年目に関して言えば、僕のプレースタイルにうまくハマっていたので、そこの苦労はしなかったです。むしろ、すんなりチームに入れた印象を持っています。練習試合を重ねて、アピールもできたのかなと。運も良かったと思います。いまも変わらないのですが、1年目からサッカーを楽しむことは心がけていました。

「コロコロPK」誕生秘話

ヒデ 「楽しむ」が原点なんですね。遊び心あふれる、ヤットさんの代名詞でもあるPKもそれに通じるものがありそうですね。あの「コロコロPK」は、どのような経緯で蹴り始めたのですか。

遠藤 僕は練習中、目の前にいる選手の「足」を見ることが多いんですよ。体重が乗っている足のほうにパスを出せば動けません。あるとき、ふと思いました。これはPKのときも、きっと同じだろうな、と。ゴールキーパーに対しても、重心がかかっているほうへ蹴れば、ほとんど取れないはずだって。その日の練習後、チームのGK

を呼んで、ＰＫのテストをしてみると、あっさり決まりました。しかも、助走なしのゴロシュートが。

ヒデ　いまここで理論を聞くと単純明快な答えです。それでも、プレッシャーがかかる試合の中で蹴るとなれば、話は別だと思います。コースを読まれてしまうと、失敗するリスクも高いです。最初は勇気が必要だったのでは？

遠藤　うーん。練習で何回蹴っても、入っていましたから。実際、試合で1度試してみたときも、あっさり成功しました。あの時、ＰＫって簡単だなと思ったんです。立て続けに決めることができて、いつしか「コロコロＰＫ」と呼ばれるようになっていました。

ヒデ　もっとポップなネーミングでも良かったかもしれないですね（笑）。

遠藤　誰が付けたのかは分かりませんが、そこまで、ＰＫの練習はしていないんですよ。大事なのは度胸、そして目です。最後の最後まで、ＧＫの動きを見ること。相手が動かないことには、こっちも蹴ることはできませんから。

ヒデ　ＧＫとの駆け引きですね。宮本武蔵と佐々木小次郎の決闘みたいなもの。ぎりぎりまで待てば、相手は動くのですか。

遠藤 これが動くんですよ。もしも、動かないときは、サイドぎりぎりの届かないところに蹴れば、だいたい入るので。

ヒデ PK失敗はなかったのですか？

遠藤 2回ほど、ありますね。コロコロPKは止められると、恥ずかしいんです。簡単にストップされますから。

ヒデ でも、蹴っている回数を考えると少ないと思います。失敗したときはチームメートから何か言われましたか。

遠藤 いや、しょうがないか、みたいな雰囲気です。3回に1回くらいで外していれば、キッカーを交代させられていたと思いますが、成功率は高かったはずです。

ヒデ PKまで楽しんでしまうのがすごい。南米の香りが漂います。

遠藤 ずっと遊び心は、忘れないようにしていました。

ヒデ その遊び心があるからこそ、見ている人たちも楽しませることができるんだと思います。ヤットさんは天才の部類に入ると思いますが、黄金世代と呼ばれた1979年、80年生まれ組にはもう一人の天才、小野伸二もいました。彼もまた遊び心を持っているプレーヤーです。ヤットさんの目から見れば、彼はどのように映っているのですか。

遠藤 伸二と初めて対戦したのは、高校時代でした。僕が鹿児島実業高で、伸二は清水商業高。いまでも覚えているのは、伸二の足にボールが吸い付いていたこと。当時からノールックパスを使っていましたし、遊び心を持っている選手でした。純粋に見ているだけで楽しい。お金を払ってでも、見たいプレーヤーでした。

ヒデ プロのサッカー選手たちに話を聞くと、小野伸二はどんな技もすぐにコピーしてしまうと。

遠藤 ウォーミングアップのリフティングを見ていると、思わず「うめぇな」と声を漏らしてしまいますから。僕は伸二みたいにいろいろな技を見せることはできないので。

ヒデ それでも、一緒にプレーすると楽しいのですか。

遠藤　やっぱり、楽しいですよ。味方でプレーすると、本当に優しいパスが来ます。後ろから見ていると、そんなところを見ているのか、と驚かされることも多いです。気づけば、伸二を目で追っていますね。

ヒデ　ヤットさんのパスを見ていても、メッセージが込められているのがよく分かります。

遠藤　それは昔もいまも変わらず、大事にしているところ。最近はフィジカル重視のサッカーが主流になっているので、あまりそういうことを言う人が少なくなってきましたけどね。僕自身は変わらなくても、周りは変わってきています。時代が変われば、サッカーも変化します。チームメートに伝わらないこともあるので、試合後にパスの意図をあらためて言葉で説明することもあります。その作業は億劫《おっくう》ではなく、むしろ楽しいですね。

ヒデ　パスがつながらなくて、あえて出すこともあるのですか。

遠藤　ありますね。

ヒデ　野球の例えになるのですが、かつて西武ライオンズのエースとして活躍した工藤公康さんも話していました。「1球外したほうがいい場面でも、若い捕手がストライクを要求してくると、わざとサインどおりに投げることもある」と。結果は打たれてしまうのですが、若手に経験を積ませるためにそうしていたようです。

遠藤 すごく分かりますね。僕も試合中に同じようなことをしますから。足元でボールを受けようとする選手に対し、スペースに強くて速いパスを出すこともありました。スペースでもらったほうが、スピードにそのまま乗っていけますから。見ている人たちからすると、僕のパスミスに見えるでしょうね。受け手の選手には試合が終わったあと、「映像でよく見てみて」と言うんですよ。

ヒデ 長いシーズンを見れば、若手の成長を促し、チームのためになるわけですね。

遠藤 1本のパスで2メートル、3メートル動くだけですが、それが成功すれば、得点の可能性はぐっと上がります。

ヒデ いまの話は、いつごろから意識していたのですか。

遠藤 若手のころから意識していました。10歳上の先輩に対しても、「走れ」と心の中で思っていました。口では「すみません」と言いながら、内心は「3メートル前だろ」って(笑)。

ヒデ 俯瞰で見えるんですか?

遠藤 俯瞰で見ようとしています。もちろん、見えない場面も数多くありますけどね。

ヒデ 僕のなかでは、ヤットさんは元バルセロナのシャビのような視野を持っている選手だと思っています。実際、俯瞰で見ようとしたとき、どれくらい見えるのですか。

遠藤 敵味方合わせて22人を見ようとしています。

ヒデ ピッチ内に立っている全員ですね。2023シーズンも磐田の司令塔として活躍していますが、いったい何歳までプレーしてもらえるのでしょうか。

遠藤 どうなんでしょうね? 本当にノープランです。楽しくプレーできる限り、続けていきたいと思っています。ただ、ここ最近の日本の夏は異常な暑さですから。

ヒデ サッカーをすることを考えれば、尋常ではないですよね。昔といまは暑さが違うとはいえ、僕らの高校時代は練習中に水を飲めなかったんです。いまでは考えられないことですが、ヤットさんもその世代ですか?

遠藤　ぎりぎり「飲めない」世代でした。

ヒデ　水を飲むと、バテる、お腹が痛くなる、と言われていて大変でしたよね。

遠藤　そうそう。濡れたタオルの水分で口を潤したり、トイレに行くふりをして水を飲んだり、いろいろな手を使って、水を飲もうとしていました（笑）。

ヒデ　分かります。だから、トイレは3年生からでした（笑）。

遠藤　懐かしいですね。

⚽ 名門クラブからのオファー

ヒデ　時代は変わり、日本サッカーも最先端のスポーツ科学が取り入れられ、レベルも向上してきました。いまとなっては、ヨーロッパのビッグクラブでプレーする選手たちも増えてきました。ヤットさんもJリーグでずっとプレーしてきたなかで、海外クラブからのオファーもあったのではないですか。言える範囲で構いません。いまだから聞きます。実際に誘いはありましたか？

遠藤　ありましたよ。

ヒデ　どこの国のリーグでしょうか？

遠藤　うーん。イタリア、イングランド、ブラジル……。ブラジルには行きたかったですね。

ヒデ　最近の選手たちは海外といえば、ヨーロッパです。なぜ、ブラジルに？

遠藤　だって、楽しそうじゃないですか。

ヒデ　やはり、原点はそこなんですね。ヨーロッパよりもブラジルのほうが楽しさを感じると。

遠藤　個人それぞれですが、僕の場合はそうですね。ヨーロッパの選手よりも、南米の選手のほうが楽しそうにサッカーをしているんですよ。

ヒデ　僕は以前、サンパウロ（ブラジル）の練習を3日間くらい見たことがあるんです。確かにそのときは、選手たちがみんな楽しそうにボールを蹴っていました。もちろん、スイッチが入れば、ピッチでバチバチに戦っていましたけどね。

遠藤　ブラジルはそうなんですよ。

ヒデ　それなのに、なぜブラジルへ移籍しなかったのですか。

遠藤　その時期は、ちょうど日本代表にコンスタントに招集されている時期でした。代表招集のたびに24時間の移動が伴います。コンディション面なども考えると、踏み切れなかったですね。あと気になったのは安全面。家族もいますので、安心して生活できるかが不安でした。でも、チャレンジしたいという思いはありましたよ。

ヒデ　いまあらためて聞きます。あと10歳、15歳若ければ、海外に行っていましたか？

遠藤　行ってますね。

ヒデ　そう思うのは、なぜですか？

遠藤　正直、もっと上のレベルで活躍できたんじゃないのかな、と思います。でも、国によりますかね。イタリア、イングランドであれば行っていません。

ヒデ　イタリア、イングランドを避ける理由は？

遠藤　単純に個人的な好みの部分が大きいです。

「もし海外に挑戦していたなら、僕はブラジルに行きたかった」（遠藤）

ヒデ　一昔前はイタリアのセリエAは、ヨーロッパでも全盛を誇り、中田英寿がペルージャ、ローマなどでも活躍していました。昔からイタリアには興味がなかった？

遠藤　そうですね。プレースタイルが合う、合わないもありますから。ただ、最も具体的なオファーをもらったのはイタリアのクラブでした。

ヒデ　ユニフォームの色だけ聞いてもいいですか？

遠藤　色まで言ってしまうとバレてしまうので、ヒントはストライプ系ですね（笑）。

ヒデ　個人的には海外でプレーするヤットさんを見てみたかったです。逆に言えば、ヤットさんがJリーグでプレーを続けたことで、リーグ全体の底上げにもつながったと思います。

⚽ 世界との差を縮めるために

遠藤　時代とともに国内でプレーする選手たちのレベルも確実に上がってきています。

ヒデ　Jリーグのチームがクラブワールドカップを制覇し、日本代表がワールドカップで優勝する日はいつ来ると思いますか。

遠藤　ワールドカップで優勝するのは、50年後くらいかもしれませんね。

ヒデ　日本サッカー協会は2050年までの優勝を目標に掲げていますが、あと25年では難しいと？

遠藤　うーん、どうでしょうか。

ヒデ　日本代表として、クラブとして、世界で戦ってきたヤットさんが肌で感じた世界との一番の差は？

遠藤　ひと言で言えば、身体能力。そこに尽きるかなと。日本人選手は頭も良くて、コンビネーションもいい。自己犠牲精神も持っています。もちろん、それがすべてではありません。日本の指導で気になるのは、常に「良いボールを出せ」と言うことなんですよ。パスを出す側の練習になりますが、受ける側のトラップ練習にはなりません。そもそも、プロは良いボールはトラップできるんです。その次にすることは何かと言えば、難しいボールを止めること。例えば、浮いた球、速い球、ずれた球。海外のトップレベルの選手たちは、その予想できないボールもうまく止めるんですよ。

ヒデ なるほど。言われてみれば、そうですね。

遠藤 子どもに簡単な足し算、引き算ばかりを教えているようなものです。勉強であれば、次に掛け算、割り算とステップアップしていきますよね？ 仮に悪いボールが来ても、うまくトラップして、その次の人にうまくボールを届けることができれば、時間は短縮できます。難しいボールをうまくトラップできる選手たちが増えていけば、世界との差も多少埋まってくると思います。

ヒデ たとえ、ピッチが荒れていても、うまくトラップできれば、変わってきます。すごく面白い意見ですね。

遠藤 僕が指導者になれば、難しいボールを出した選手ではなく、それを止められない選手を叱りたいですね。

ヒデ 芸人の世界でもありますね。若い世代の芸人は地頭が良くて、先輩たちの芸もよく見ているので、うまく返すのですが、突拍子のないことが起きたときにはあまり反応できない。

遠藤 それは僕も思います。サッカーでも同じ。いまの若い世代の選手たちは、確かに技術が高く、うまいのですが、教えられていないことはあまりできません。良い悪いは別として、理不尽に育てられてきた選手のほうが、臨機応変に対応できますね。

⚽ ドイツW杯で燃え上がった反骨心

ヒデ 実際にワールドカップに出場したヤットさんが話すと、説得力があります。ご自身の初出場は2006年のドイツ大会でした。アジア予選では主力メンバーとして戦いましたが、本大会では悔しさもあったと思います。フィールドプレーヤーでは唯一出場機会を与えられませんでした。ジーコ監督の起用法には、疑問を持ちましたか。

遠藤 グループステージの1戦目、2戦目はチャンスがなく、迎えた3戦目のブラジル戦。

勝つしかない状況だったので、「このまま出場できないかも」という思いが頭をよぎりましたが、スコアが1対3になったときには「俺、出してくれないかな」と思ったのも事実です。監督としては、最後の1秒まであきらめずに戦った結果なんでしょうね。自分より他の選手のほうに可能性を感じたのかもしれません。

ヒデ アジア予選を見る限りでは、ジーコ監督のチームにはフィットしているように見えました。本大会での起用は、納得していたのですか？

遠藤 納得はしていないです。ジーコ監督に直接、なぜ起用してもらえないのか、と聞きに行きましたよ。予選では試合に出ていましたから。当時、メディアでも言われていましたが、海外組が戻ってくると、試合に出られなくなる状況だったので。

ヒデ 起用法の疑問をぶつけたとき、ジーコ監督はなんて答えたのですか。

遠藤 随分、昔のことなのでジーコの言葉は忘れましたが、僕としては「良いプレーをすれば使ってもらえるんですね」という感じでした。

ヒデ 海外組が戻ってくるたびに悔しい思いをしていたのですね。

遠藤　無条件でベンチでしたから、それは悔しいですよ。

ヒデ　ドイツ大会の悔しさがあったから、4年後の南アフリカ大会につながったのですね。

遠藤　2006年以降、2010年大会、2014年大会といろいろな面で結構、頑張りましたよ。ドイツ大会で試合に出ていた選手たちより、もっと努力しないといけないと思いました。他の選手と同じ土俵に立つことはなかったですが、自分のなかでやるべきことをやってきました。

ヒデ　フィジカル面の強化とか？

遠藤　それもあります。

ヒデ　食事面の改善とか？

遠藤　それはないです。ずっと好きな物を食べています。これはいまも変わりません。

ヒデ　なぜ、食事面には気を使わないのですか？

遠藤　ストレスを溜めたくないからです。美味しいものを食べたいときに食べます。

ヒデ　嫌いなものはあるのですか？

遠藤　梅干し。

ヒデ　えっ⁉

遠藤　栄養を摂る上で大事なものは、食べられるので問題ないと思います。ブロッコリーなどの野菜系も食べられますし。

ヒデ　では、他に苦手なものは何ですか？

遠藤　わさび。

ヒデ　まあ、特別に食べなくても大丈夫ですね（笑）。話を少し本題に戻しますが、2010年南アフリカ大会は主力として活躍しました。ベスト8まであと一歩のところまで進みました。もうひとつ上の景色も見えかかっていました。

遠藤　（決勝トーナメント1回戦のパラグアイ戦でPKを外した）駒野友一のせいです（笑）。

ヒデ　関係性があるから、言えることですね（笑）。やっぱり、僕が直接、聞きたかったのは、デンマーク戦（グループステージ第3戦）でのFKのこと。先制ゴールは、（本田）圭佑がFKから決めている状況でした。2点目はヤットさんがフリーキックをセットし、決めていますが、どのようなやり取りがあったのですか。報道ではヤットさんから「次は俺に行かせてくれ」と言ったとか。

遠藤 （本田）圭佑とは言い争いにならなかったですね。

ヒデ そうだったんですか。2009年9月のオランダ戦で（中村）俊輔と（本田）圭佑が互いに譲り合わなかった場面もあったじゃないですか。ヤットさんは2人のすぐ隣にいたと思います。さすがにヒヤヒヤしましたか。

遠藤 いや、僕は「圭佑、もっと行け、やれやれ」と思っていました（笑）。

ヒデ 火に油を注いだのですね。

遠藤 それで岡田武史監督に一度、怒られました（笑）。

ヒデ （中村）俊輔とは言い争いになるのに、ヤットさんとは何も起きなかったのはなぜですか？

遠藤 フィーリングですかね。壁の位置を見ながら、圭佑が「俺、行ってもいい」と言うときは「どうぞ」という感じでした。逆のパターンもありました。圭佑が蹴りたい素振りを見せているときでも、僕が蹴ることもありました。

ヒデ アクセル、ブレーキの関係だったのですね。

遠藤 デンマーク戦も1本目は、圭佑にちょうどいい角度と距離でした。2本目は壁を見ると、かなり甘い感じだったんです。相手GKも圭佑が蹴ってくることを予想していたと思います。そういう状況だったので「俺が行ったほうがいいかな」と圭佑に相談すると、「そうっすね」って。相当、蹴りたい雰囲気は漂わせていましたけどね（笑）。

ヒデ 見事に相手の裏をかきましたね。

遠藤 実は前日練習のFKでは10本くらい蹴ったのに全然入らなくて……。

ヒデ それなのに、いざ本番は違ったのですね。

遠藤 試合会場が標高の高い場所にあったので、少しでもふかすと、クロスバーの上を越えていくんです。とにかく、抑えて蹴ることだけを意識していました。

ヒデ あのとき、FKのキッカーだけに見えた景色を知りたいです。

遠藤 僕から見て、壁の左端に立っていた選手の背が低かったので、あの上を通せば、入るなと。あとはスピードだけでした。蹴った瞬間、いいコースに飛んだのは分かり、ボールの軌道を見て、「これは入ったな」と思いました。

ヒデ 2006年ドイツ大会で悔しさを味わい、努力を重ねてきたことが報われたワールドカップ初ゴールだったのでしょうね。

遠藤 そうかもしれません。

⚽ 南アフリカW杯で見た岡田監督の覚悟

ヒデ 2010年大会でヤットさんを中心選手に据えた岡田監督についても聞きたいです。どのような監督でしたか。

遠藤 妥協を許さない監督でした。普段は、ただの酒好きなオッチャンです（笑）。岡田監督は陰で相当、努力していたと思いますが、僕ら選手たちには、その姿を一切見せなかった。でも、ワールドカップに懸ける覚悟は、しっかり伝わってきました。

ヒデ　覚悟ですよね。

遠藤　最初のミーティングで僕と俊（中村俊輔）とボンバー（中澤佑二）が呼ばれて、「ベスト4に行くぞ」と言われたんですよ。「結構、目標は高いですね」と思いました。まずはベスト16でいいんじゃないのかなって（笑）。岡田監督は、本気で目指していました。その思いをヒシヒシと感じました。選手たちも「このままではダメだ」という意識になりました。当時のメンバーを見れば、みんな「（ベスト4も）夢ではない」と思っていたはずです。岡田監督と一緒に仕事をさせてもらい、本当に楽しかったです。信頼されていることも肌で感じました。その期待に応えないといけないという気持ちもありました。

ヒデ　代表は背負うものも違います。

遠藤　代表の試合が一番ですよ。つくづく思いますね。やはり重みがありますから。

ヒデ　重圧に押し潰されそうになったことはないのですか。

遠藤　楽しみのほうが大きかったです。

ヒデ　若い選手たちには「代表って、どうなんですか」と聞かれるのでは？

遠藤　最初は代表のプレッシャーを感じてほしいですね。これが代表なんだって。あの青いユニフォームを着るのは、やはり特別なので。僕は2006年以降、ヒデさん（中

▲2010年の南アフリカW杯でのデンマーク戦、芸術的なフリーキックにはしびれました（写真=BBM）

田英寿）のあとに背番号7を着けさせてもらったんです。最初は荷が重くて、少し嫌だったのですが、徐々に慣れていき、定着していきました。これも経験です。

ヒデ いまは経験を積んでベテランと呼ばれるようになりました。年齢を重ねて、できるようになったこと、できなくなったことは何でしょうか。

遠藤 スタミナなどは間違いなく落ちています。代表で活動していた時期に比べると、いまは半分程度だと思います。ただ、若手に細かいことまでアドバイスできるようになりました。昔は聞かれるまで、自分から言うことはなかったんですけどね。監督とコミュニケーションをよく取り、チーム状況についても話すようになりました。年齢を重ねることで変わってきた部分ですね。

生まれ変わったら「歌手」になりたい!?

ヒデ Jリーグは次の30年、どのように変わっていくべきだと思いますか？

遠藤　選手、指導者のレベルを上げていくことは当然として、一番変えたいのは日本における「サッカーの価値」を上げること。近い将来はメディアでも最優先で取り上げてもらい、一番のニュースとして報じてもらいたいです。僕はずっと違和感を持っていました。少し前までは子どもたちの将来、なりたい職業ランキングで1位はプロサッカー選手だったと思います。それでも、テレビのニュースで露出が多いのはプロ野球。日本一を決める日本シリーズはあれだけメディアで報じられ、大きく取り上げられるのに対し、サッカーはどうか。Jリーグの優勝争いは、テレビのニュースでもほんの少し流れる程度です。子どもの競技人口もサッカーのほうが多いはずなのになんでなんだろうって。なかなか一人の力では難しいですが、日本でもサッカーの影響力をもっと大きくしていきたいです。

ヒデ　岡田さん同様、話のスケールがとても大きいですね。

「選手、指導者のレベルを上げていくことは当然として、一番変えたいのは日本におけるサッカーの価値を上げること」（遠藤）

遠藤　最終的には、サッカーを日本の国技にしたいと思っています。他競技をリスペクトした上であえて言いますけど、スポーツに打ち込む子どもたちが、まずはサッカーを目指すくらいにならないと、ワールドカップ優勝なんて絶対にできないです。ブラジル、アルゼンチンなどは、みんな物心つく前からボールを蹴っていますよ。そして、身体能力の高い子たちが、サッカーを続けていく構図になっています。

> 「スポーツに打ち込む子どもたちが、まずサッカーを目指すくらいにならないと、ワールドカップ優勝なんて絶対にできない」（遠藤）

ヒデ　何を置いても、まずはサッカーとなれば、きっと変わってきますね。もちろん、サッカーが合わず、他のスポーツに取り組む人もいると思います。運動が向いていない人は、お笑いの世界に来てもらいたいです。最終的にどうにも行き詰まったときには、ぜひ吉本興業のほうへ（笑）。このピラミッド構造でいいと思います。

遠藤　その頂点がサッカーであってほしいですね。

ヒデ　さて、最後の質問になりますが、ヤットさんにとって、サッカーとは何ですか。

遠藤　仕事といえば、仕事。この質問に答えるのは難しいんですよね。

ヒデ　生まれ変わっても、またプロサッカー選手になりたい？

遠藤　歌手になります（笑）。

ヒデ　違うんかーい（笑）！　でも実は僕も同じです。印税がありますからね（笑）。

遠藤　僕の場合は少し違って（笑）。マジメな話をすれば、一人でステージの上に立ち、歌を歌って、それこそトップアーティストにもなれば5万人、6万人の観客の方を盛り上げ、感動させられることができるんですから。すごいことだなって。僕らサッカー選手は11人のチームで戦います。試合となれば、相手チームも合わせて22人います。厳密に言えば、バンドメンバーはいるかもしれないですが、歌うのはだいたい一人ですからね。

ヒデ　まさか歌手という答えが出てくるとは思わなかったです（笑）。生まれ変わっても、当然のようにサッカー選手になりたいのかと。

遠藤 もちろんサッカーは大好きですし、人生の半分以上、プロサッカー選手として過ごしてきて、しみじみと良かったなと思うことはありますよ。あるとき、街を歩いていると、ご年配の夫婦から「頑張ってね」と言われたんです。おじいちゃん、おばあちゃんでも、俺のことを知ってくれているんだ、うれしいなって。本当にふとした瞬間ですが、あらためて「サッカーって、いいな」と思いましたよね。

ヒデ それもサッカー、スポーツの持つ力ですよね。今日は本当にありがとうございました。

▲対談はヤットのサッカー観、人生観にまで話が及びました

取材後記のようなもの in 磐田

最初から最後までヤット節全開！
指導者としてのスタートも楽しみです

取材対応の良さには、頭が下がる思いでした。うだる暑さのなかで練習を終えたばかりなのに、嫌な顔ひとつ見せずにインタビューに応じてくれ、受け答え一つひとつに人柄の良さがにじみ出ていたと思います。ひょうひょうとしているようで、サッカー愛、確固たる哲学をやはり持っていました。有言実行しているからこそ、また説得力があるんですよね。パス練習の話は聞いていて、まさに目からうろこ。トラップに重きを置き、ずれたパスでも、どんなボールでもトラップできるように練習しないといけないと。パスミスした選手を責めるのではないっ

取材日＝2023年9月

て。あの言葉にはゾクゾクしました。
取材時にはＪ２で昇格争いをしていましたが、見事にＪ１復帰を決めました。43歳で大仕事を果たし、現役引退を発表。きれいな幕引きだったと思います。2024年からは古巣のガンバ大阪でコーチに就任するとのこと。指導者キャリアも楽しみにしています。余談ですが、生まれ変わったら歌手になりたいと話していたので、第2の人生で歌手に挑戦するようなことがあれば、まずは僕に「デモテープ」を送ってくださいね！

ヒデ

第2章

サッカーとお笑いをめぐる冒険

僕の人生に欠かせない、共存する2つの世界

お笑いはサッカーと同じで、まず基本的な技術、状況判断が必要になってきます。いわゆる「トーク術」です。自分からディフェンスに回ることもあるし、パスに徹することもあります。目まぐるしく変わる状況に応じて、立ち居振る舞いを考えないといけません。

例えば、共演している第3者のエピソードを語るとしましょう。司会者と対人で話しつつも、急に僕とMC（司会者）で「2対1」の局面をつくり、第3者の暴露トークをすることもあります。司令塔であるMCの調子が悪ければ、メイン以外の芸人がゲームメークすることもあります。これが業界用語で言えば『裏回し』と呼ばれるものです。お笑いは個人の技術も必要ですが、チーム

◀市立船橋高時代の僕です。まさにサッカー漬けの毎日でした（写真＝BBM）

ワークが大事。そう、サッカーと同じ団体競技なんです。

また、お笑い芸人にもさまざまなタイプがいます。芸人を実際のサッカー選手たちに置き換えてみると分かりやすいかもしれません。この第2章では僕の原風景であったり、芸人になったいきさつ、また芸人を実際のサッカー選手に例えたりと、実は何かと共通点が多いサッカーとお笑いについて、自由気ままにお話をしてみたいと思います。

⚽芸人をサッカー選手に例えると

まずは**出川哲朗**さんなんかは、がむしゃらに汗をかいて結果を残すタイプですよね。前線からボールを追いかけ回す岡崎慎司のようなＦＷ。頭でも、顔でも、お尻でも、もう体のどこでもいいから当てて、一発決めるんだ、笑いを取るんだ、という気持ちが伝わってきます。一方でスマートに笑いを取る**チュートリアルの徳井義実**のようなタイプもいます。イケメンですし、お笑い界の内田篤人といったところ。**江頭2：50**さんは終了間際にどうしても点が欲しいときに投入されるジョーカー。「なんでもいいから執念で１本決めて終わらせる」という感じだと思います。それこそオフトジャパンのときに切り札として起用された、ゴンさんこと中山雅史さんみたいなストライカーです。

では、僕はどういう立ち位置なのか？　当初、司令塔として芸能界に入ったつもりでしたが、現実はなかなか厳しかった。同世代のMCとしては、**くりぃむしちゅーの上田晋也**さんのような人が君臨しているわけです。一緒に番組に出ていたので分かるのですが、このポジションが空くことはないな、と思いました。

そうかと思えば、ゲームを組み立て、点まで取るレジェンドもいます。オールラウンドプレーヤーの**ダウンタウンの松本人志**さんがまさにそう。僕のなかではアルゼンチンの天才、ディエゴ・マラドーナのような存在。では、サッカーの王様ペレは誰か？　コント芸人の僕からしたら、**志村けん**さんしかいませんね。最後までお笑い一筋でしたから。元ブラジル代表のペレはクラブでも代表でも監督をしていませんから。では、同じブラジルが生んだ神様ジーコは誰か？　**ビートたけし**さん。北野武として監督もしていますからね。

サッカーに歴史があるように、お笑いの世界にも長い歴史があります。レジェンドと呼ばれる人の名前を挙げていけば、次から次に出てきます。それこそ**横山やすし・西川きよし**は、時代を作った伝説の漫才コンビ。破天荒のやすしさんをコントロールできるのは、きよしさんしかいなかったと思います。やすしさんを例えるならば、イングランドの大衆に愛されたポール・ガスコイン。ヤンチャだけど、憎めない。当時の時代もありましたが、たとえ何か問題を起こしたとしても、ガスコインだからな、と許されてしまう。

背番号10のポジションは見てのとおりです。正直、僕が司令塔タイプを自認しても、そこで生きていけるかといえば難しいです。そこで、僕はどうしたのか。プレースタイルを変えました。攻守のバランスを取る「ボランチ」になろうと。あまり目立たないけど、番組には必要な存在ですから。ディレクターから「ヒデがいるとよくパスが回る」「ゴールの2つ前、3つ前にヒデがいる」と評価されるとうれしいですね。僕は挨拶するときに、吉本の中堅芸人、ボランチ的な存在のペナルティのヒデですと言うようにしています。

客観的な視点でお笑い界の名ボランチを探したとき、パッと頭に浮かぶのは**土田晃之**くん。U－99（ナインティナイン以降）世代の代表的な存在。A代表には僕も参考にしていた司令塔の**浜田雅功**さんがいるので、土田くんもまたポジションを一つ下げたタイプだと思います。**陣内智則**さんも優秀なボランチ。自ら点も取りに行ける鎌田大地タイプです。司令塔の役割を担うこともできるユーティリティープレーヤー。幅広い年齢層とも絡める気がします。オリンピックのU－23日本代表にオーバーエイジ枠で呼ばれるような存在です。大御所の浜田さんが来てしまえば、若手芸人は萎縮してしまいますから。陣内さんであれば、若手も伸び伸びプレーすることができます。そこもうまいところです。

若い世代の代表的なボランチと言えば、**平成ノブシコブシの吉村崇**。いわゆる『裏回し』も得意で、ちゃんと結果を出しています。サッカーでいえば、どの監督にも重用されるタイプ。周囲のメンバーと合わせるのもうまいですし、どんなFW、DFとも連係を取れる存在と言えます。

⚽トータルフットボールのさんまさん

サッカー選手もカテゴリーが上がるにつれて、スタイルやポジションを変えていく人は少なくないです。現役日本代表の守田英正、伊藤敦樹らはトップ下からボランチに転向したタイプですし、右サイドバックでブレークしつつある同じ日本代表の毎熊晟矢はもともとFWだったと聞いています。

もちろん、スーパースターは違います。明石家さんまさんは、奈良県の高校でサッカー部に所属していたときから、「めちゃくちゃ面白いヤツがいる」と有名だったようです。いまみたいにSNSもない時代に「奈良の杉本高文」の名前は口コミで広がったとか。それは吉本も放っておきませんよね。いまやお笑い界のキングカズのような立ち位置です。何歳になっても走り続け、現役であることにこだわり続けています。同業者からリスペクトをされているところもカズさんと同じ。プレースタイルは、元オランダ代表のヨハン・クライフのような感じ。司会からボケ、ツッコミもできてしまう。まさにトータルフットボールなんですよ。さんまさん自身もクライフがすごく好きで、僕はさんまさんのためにクライフからサインをもらってきたことがありますから。

そして、異彩を放っていたのは、**とんねるず**さん。典型的なボケとツッコミがない。**石橋貴明**さん、**木梨憲武**さんはどちらも破天荒でクラッシャー。プレーはファウルすれすれです。元スペイン代表のセルヒオ・ラモスといったところでしょうか。試合中にピッチから突然消えて、トイレに行くような男です。かなり、ブッ飛んでいます。ゴール（笑い）もとれる所もセルヒオタイプと言えますね。

メッシ、セルヒオ・ラモスのように主役になるようなサッカー選手がいるなか、名脇役もいます。ベンチに一人置いておけば、安心するような。**アンタッ**

チャブルの山崎弘也くんがまさにそういうタイプ。ベンチから盛り上げてくれる。あまりにうるさ過ぎて、レフェリーからイエローカードをもらいそうですが、退場させられてもスタンドから声を出している気がします（笑）。サッカー選手に例えるなら、森脇良太的な人です。

一方、サッカー界で若手が台頭してくるように、お笑い界でも新たなタレントが出てきます。僕も多くの若手を見てきました。そのなかでも、目を奪われたのは**ロバート秋山**。僕はＭＣとして、ステージ上でＮＳＣの１期生から見てきましたが、初めて驚きました。相方の脇田に「すごいヤツが出てきたから、一度見に来い」と言ったことも覚えています。それぐらいのインパクトがありました。いわば小野伸二です。彼を見た時の衝撃たるや。ついにこの国にも本物の天才が誕生したんだと思いましたからね。

女性芸人では**ハリセンボン**の**近藤春菜**が出てきたときは驚きました。彼女は澤穂希のような存在だと思います。お笑い界でも、世代交代の波を感じることはあります。元日本代表の都並敏史さんが、同じポジションでプレーしていた新人時代の相馬直樹を認めたのと同じ。このまま真っ向勝負しても、「勝てないな」と思ったとか。**島田紳助**さんが**松本人志**さんを見たときに漫才を辞めようと思ったのと一緒です。ただ、ここ最近で勢いがある芸人となると……なかなか名前が出てきません。この点はサッカー界とは違い、ベテランを押しのけて、若手が出てくるのは難しいです。お笑い界の久保建英を探してみたのですが、現段階ではパッと思い浮かんできませんね。

むしろ、遅咲きの芸人は結構います。サッカーでは点を取れていない選手に取らせてあげることはありますが、お笑いも同じ風潮があります。**チャンス大城**さん、**ハリウッドザコシショウ**さんはそうですね。ようやくつかんだチャンスでゴールを決めて、徐々に自分の定位置をつかんでいった感じです。**ヒロシ**くんもそういうタイプでした。ただ、彼の場合、サッカーを途中で辞めてしまった(笑)。いまは一人でキャンプをしています。サッカーでもキャンプを張りますが、ヒロシくんはシーズンが始まっても、チームに合流しませんから。ネタは面白いですし、才能もあると思います。それこそ、名古屋グランパスなどで活躍したピクシー(ストイコビッチ)。監督時代にベンチに飛んできたボールを革靴で蹴り返し、難なくゴールを決めてしまうような。ヒロシくんはお笑い界から距離を置いても、いまだに笑いが取れます。リフティングがうまく、一人で壁当てして、うまくなったタイプ。ただ、チームプレーは少し苦手なのかもしれない。周りと絡めると、もっとできるはず。そういうサッカー選手っていますよね? 本当にうまいですし、消えた天才系とも言えるかもしれません。

有吉弘行くんは一度挫折を味わい、頂点まで上り詰めた本田圭佑タイプ。ガンバ大阪のジュニアユースからユースに昇格できず、星稜高で全国高校選手権に出場。そこから一気にスターへの道を駆け上がっていきました。日本代表の中心としてワールドカップに出場し、ACミランの10番を背負った男です。有吉くんの芸人キャリアに重なるんですよ。テレビ番組『進め！電波少年』で注目されたけど、その後、苦労して再ブレーク。いまは頂点を取ったと言ってもいいくらいの活躍ぶりです。徒党を組まないところもどこか似ています。

芸人の海外進出

お笑い界でも海外挑戦し、結果を残す芸人が出てきました。**とにかく明るい安村**は成功している海外組の一人。南太平洋に浮かぶ島国のバヌアツにロケで訪れたときには、驚かされました。テレビでとにかく明るい安村を見て、みんなゲラゲラ笑っているんですよ。「ワールドワイドだな」としみじみ思いました。

僕が日本から来たコメディアンだと自己紹介すると、大歓迎を受けるわけです。安村の影響力はありますね。スコットランドのセルティックでUEFAチャンピオンズリーグに出場し、イングランドのマンチェスター・ユナイテッドを相手に鮮烈なFKを決めた（中村）俊輔のようです。あの一発はヨーロッパ中に知れ渡り、大きな衝撃を与えました。

現在、アメリカで活躍する**渡辺直美**も海外組です。SNSのフォロワー数はインスタグラムだけで1000万人を超え、写真集まで出版しています。ある意味でストイック。自らの体型を維持し、しっかり点を取る。ポルトガル代表のクリスティアーノ・ロナウドですよ。日本のお笑いのクオリティーは高いので、もっと評価されていいと思うのですが、言葉の壁の問題が大きいんだと思います。今後、芸人が海外での活躍を視野に入れていくのであれば、語学は必須になってくるんでしょうね。久保建英が同じようなことを話していました。

「僕が活躍できたのは、スペイン語を話せたからだ」と。お笑いの世界でも同じことだと思います。なかには例外の芸人もいますけどね。

ピースの**綾部祐二**はまったく英語も話せないのにアメリカ挑戦しました。日本での安定した仕事を捨てて、それこそオファーもないのに行くんですから、なかなかマネできるものではありません。お笑い界の中でもメンタルの強さは屈指かもしれない。あの度胸は本当にすごい。重要な試合で志願してＰＫのキッカーを名乗り出るタイプですよ。仮に失敗しても、彼は何も感じないのかもしれません。何も恐れていないので（笑）。

自分に置き換えて考えたとき、たとえ時計の針を10年前に戻せたとしても、僕は海外挑戦しないでしょうね。正直、海外で活躍する力はないと思っています。その代わり、同じポジションを守るために努力はします。昔の僕に助言するとすれば、「日の丸を背負えていないんだから、長く活躍できるプレーヤーでいろよ」と言いたいです。オールラウンドプレーヤーであること。業界は違いますが、次から次に世界に羽ばたいていくサッカー選手はいつもリスペクトしています。

ボーダレス化するメディア

お笑い界を支えているのは、プレーヤーだけではありません。表舞台にはあまり出てこない名監督、名プロデューサーも欠かせない存在。フジテレビの『めちゃ×2イケてるッ！（めちゃイケ）』などを作った片岡飛鳥さんは、名監督の一人です。言うならば、黒田剛監督のような方だと思います。中学生から（柴崎）岳を育ててスターにしたように、ナインティナインさんをスターにしました。ご自身もどんどんステップアップしていきました。青森山田高からJリーグのFC町田ゼルビアの監督となったキャリアアップも被るところがあります。育成に定評があり、『めちゃイケ』に長く関わり続けたという点を考えれば、マンチェスター・ユナイテッド（イングランド）を27年間率いたアレックス・ファーガソン監督を想像してもらえれば、サッカーが好きな方には分かりやすいと思います。

『オレたちひょうきん族』、『笑っていいとも！』、『ダウンタウンのごっつええ感じ』などを手掛けたディレクター、プロデューサーの佐藤義和さんは、ジョゼップ・グアルディオラ監督といったところでしょうか。タモリさん、さんまさん、たけしさん、ダウンタウンさん、ウンナンさんなど、みなさんをスターにした方ですからね。

時代とともにサッカーが変わるように、お笑いの世界もどんどん変わってきています。昔はストライカーに前線から守備をほとんど求めなかったですが、いまは違います。守備をしないと試合では使ってもらえません。お笑いの世界も同じ。テレビではコンプライアンスが厳しくなり、守るところは守らないと、なかなか起用してもらえなくなってきました。笑いの世界は一見、自由に見えますが、サッカーと同じでルールが存在します。なんでもありではありません。そこもお笑いとサッカーが共通するところだと思います。

番外編になりますが、ＹｏｕＴｕｂｅという土俵をサッカーに例えると、何になるのか。ちょっと考えてみましたが、そもそも競技が違うんですよね。サッカーはＧＫ以外、手を使うのはＮＧですが、ＹｏｕＴｕｂｅはＯＫなんですよ。それこそ、なんでもありに近い。11人でプレーしなくてもいいんです。人数が決まっていませんから。１人でもよければ、15人でもいい。試合時間も短くてもいい。そこには無限の可能性があるのも確かです。オーナー、監督、プレーヤーをすべて兼ねることもできます。テレビを主戦場とする芸人たちは分業されているので、兼任はしませんからね。

ただ、最近はボーダレス化しています。ＹｏｕＴｕｂｅからテレビの世界に進出する人たちもいます。当初は、どうなのかなと思っていましたが、いままでは多くのＹｏｕＴｕｂｅｒが人気を得ています。かつて草サッカーをしていた子が、いきなり世界的プレーヤーになるみたいな感じでしょうか。いまやＹｏｕＴｕｂｅの舞台を草サッカーに例えることはできません。むしろ、夢のスタジアムになっています。

⚽人生のターニングポイント

そもそも、幼少期にサッカー選手にあこがれるように、お笑い芸人にあこがれていたかと言われれば、僕の場合、そうではありませんでした。サッカー選手になりたいという思いがありましたから。昔から人前でみんなを笑わせるようなタイプだったかと言われると、そうでもなかった。お笑い番組を好きで見ているくらいです。『8時だョ！全員集合』、『オレたちひょうきん族』、『とんねるずのみなさんのおかげです』『ダウンタウンのごっつええ感じ』『めちゃイケ』は見ていました。そこからはあまり見なくなったと思います。マンガのお気に入りは『キャプテン翼』『北斗の拳』『Dr.スランプ』。プロレスにも惹かれ、新日本プロレスは見ていました。アントニオ猪木さんが船橋市運動公園体育館に来たときには、直接足を運びましたから。

では、どうして僕はお笑い芸人になったのか？

小学校、中学校、高校、大学とサッカーを続けてきましたが、プレーヤーとしては限界を感じていました。大学生のときにテレビで『ドーハの悲劇』を目の当たりにしたときに、率直に「日本はワールドカップに行けないんだ」と思いました。当時はオリンピック出場も遠ざかっていましたから、この日本でサッカーを続けていると、将来、食いっぱぐれるぞって。きっとサッカーへの思いは、そこまでだったんです。観戦するのはすごく好きでしたが、プロとして生きていくんだという踏ん切りはつかなかった。実際、大学3年生の終わりごろに当時の横浜フリューゲルスから声をかけてもらったのに……。小学校時代からよく知る同年代の名良橋晃らがベルマーレ平塚（現湘南ベルマーレ）で活躍している姿を見ていると、「俺は絶対に通用しないだろうな」と肌感覚で分かったんです。

だからといって、周囲の大学生と同じように就職活動をして、一般企業に勤める選択肢もなかった。スーツを着て、サラリーマンとして働く自分の姿が想像できなかったので。新卒で会社に入れば、社会人1年目から大活躍して、プロサッカー選手のようにドカンと稼ぐなんてことないですからね。ただ、お笑

▲BBMさんに残っていた高校選手権決勝（2年時）の写真。まさかこの十数年後にサッカーの本を出させてもらうことになるとは

いの世界では、それが起こり得る。ブレークすれば、大きな夢をつかめます。ボールひとつでできるサッカーと同じで、誰でも体ひとつでお笑いはできますから。もちろん、サッカー同様、そんな甘い世界ではないですが。高校生、大学生がJリーグのスピード感に驚くように、僕もプロのお笑いのレベルの高さに腰を抜かしました。雨上がり決死隊、極楽とんぼを見て、同世代にこんな面白い人たちがいるのかと。アマとプロの違いをはっきりと感じました。

僕は大学4年ごろから打ち上げ用にネタを書き始め、周りでは少しウケていたんです。それでお笑いをやってみたいな、と思うようになって。ちょうどそのときでした。専修大学のサッカー部を辞め、プータローをしていたいまの相方（ワッキー）と3年ぶりに再会したんです。入部わずか3カ月で「さがさないでください」とひらがなの置き手紙一枚で寮から夜逃げした市立船橋高時代からの後輩が、ふらりと僕の目の前に現れて……。当時、住んでいた寮の部屋の扉が開いたかと思えば、あの脇田がいるんですよ。あいつは僕の顔を見るなり、驚いて挨拶もなしにパタンと扉を閉めるものだから、そこでさすがに言いました。「ちょっと待て、挨拶もなしか」って。そのまま、寮内のトイレに連れていきました。周りはざわざわしていましたが、「これはイチフナ（市立船橋高）の問題だから」と説明し、2人だけになりました。まずは怒りました。「夜逃げして、ひと言も連絡ないわ、しかも、ろくに挨拶なく帰るって、どういうことだ！」と。脇田はすぐに「すみません」と頭を下げていましたね。いま何をしているのか聞くと、何もしていないと言うんです。そこからのやり取りは、よく覚えています。

「俺とお笑いをやらないか？」（ヒデ）
「え、お笑い？」（脇田）
「タメ語か！」（ヒデ）

「お笑いですか?」(脇田)

あの時点で、ペナルティのボケとツッコミの役割は自然と決まっていました。ただ、脇田が「少し考えさせてください」と言うんですよ。そういうときの相場って普通は2、3日だと思うのですが、彼は違いました。「2週間、待ってください」と。「なんで、14日なんだよ!」とツッコミましたが、ちゃんと待ちましたよ。しっかり、2週間後に連絡が来ました。「やります」と。すでにネタは僕が作っていたので、オーディションを受けたら一発合格でした。素人ではトップ。全体では極楽とんぼに続いて、2番目でした。

僕に声を掛けてくれた当時コーチだった安達亮さん(市立船橋高、専修大の先輩)に、吉本のオーディションに合格したことを伝えると「お前ならどこでもやれると思うよ」と言ってもらったんです。当時のサッカー部の仲間たちも「ヒデならお笑いの世界でも大丈夫」と背中を押してもらいました。もしも、僕がプロ入りを選択していれば、早々に「さがさないでください」と置き手紙一枚残して、クラブからいなくなっていたでしょう。

大卒1年目にあたる1994年の横浜フリューゲルスには、前園真聖、山口素弘、三浦淳宏、エドゥー、モネールら……錚々たるメンバーがそろっていました。僕のポジションはサイドバック、サイドハーフだったので、三浦淳宏、モネールらと定位置を争って勝てるとは到底思えなかったです。練習に参加しても、やっぱりレベルが違うわけです。

それでも、いざお笑いの世界に入っても大変でした。仕事はあっても、どうやって『世』に出ていくのかが、分からなかった。当初、相方はサッカーを売りにすることにためらっていたようですが、『サッカー小僧』というサッカー番組に出演させてもらい、1998年フランスワールドカップはその番組からファーストクラスで現地取材に行かせてもらいました。役得ですよね。芸能界に入ったからこそ、信じられない「サッカー体験」をたくさん経験することができました。

そうそう、ベースボール・マガジン社から2008年に出た『高校サッカー我が心の「選手権」』というMOOK本にも、脇田と2人で高校選手権のOBたちというテーマで出させてもらったこともあります。

ワールドカップ取材に始まり、FCバルセロナのチャーター機に乗ることもできました。ヨハン・クライフさんの自宅にもお邪魔させてもらい、ジョゼップ・グアルディオラとフットサルに興じたこともありました。ロナウジーニョからユニフォームを贈ってもらったこともあります。フィーゴにはレアル・マドリードとバルセロナのユニフォームにサインをもらいました。そのときに「両方のユニフォームに要求してきたのはお前だけだ」と言われました（笑）。

単独インタビューも数多くさせてもらいました。クリスティアーノ・ロナウド、ネイマール、アンドレス・イニエスタ、シャビと数え上げると切りがないくらいです。ただ、昔、大物選手を取材していて相手側が僕を認識していたのはカズさんだけでした。「あまりお笑いを見ないけど、市船出身でしょ？　知っているよ」と言われたときはしびれましたね。また直接お会いして取材してみたいです。

僕自身、２０２３年で芸人生活30年目を

2008年に発行されたサッカーマガジン別冊『高校サッカー　我が心の「選手権」』。ペナルティの2人で高校選手権の思い出を辿るインタビューを受けました

迎えました。苦しかった下積み期間もありましたが、自ら中堅芸人と言えるような立場になりました。いま振り返れば、相方が寮に戻ってきたのが、人生の大きなターニングポイントだったなって。いまもコンビは解散していないですし、吉本興業も辞めていません。相方が病気で一時休養したときも、『ペナルティ』の看板は守らないといけないと決めていました。サッカーに例えるならば、僕は曲芸的なテクニックを持っているわけではなく、個人の力で局面を打開できるタイプでもない。だからこそ、チームの中で仲間に生かされ、また生かす存在でいたいと思っています。

第3章

ヒデが選ぶ「B面」ベストイレブン

あれこれと妄想する時間がこの上なく楽しい、
マイ・ベストイレブン！

第3章のベストイレブン企画については、僕のルーティンのようなものです。普段の生活を送るなかでも「マイ・ベストイレブン」をあれこれと妄想し、考えている時間が一番楽しいと言っても過言ではないくらいです。むしろ、ベストイレブンを考えていないと気持ち悪いくらい。僕にとっては、歯磨きと同じです。

Jリーグが2023年に30周年を記念して、公式に30年間のベストイレブンを発表しましたが、それだけでは足りません。オフィシャルがA面であれば、B面もあっていいはずです。いや、C面、D面、E面……なんかもあってもいいでしょう。もちろんA面にはまったく異議はないですが、読者のみなさんもそれぞれ、「自分だけのベストイレブン」が頭の中にあると思います。

ここでは僕が悩みに悩んで考えた、6つのカテゴリーに分けたベストイレブンをご紹介していきたいと思います。フォーメーションを眺めながら、みなさんもそれぞれの場所で語り合ってくれたら、うれしいです。

B面ベストイレブン

エピソード満載のドリームチーム

個　人的な趣向の話をすれば、カセットテープで音楽を聴いていた時代から、僕はメインのA面よりも「B面」のほうが好きだったんですって……前置きはこれくらいにして。ここからは敬称略で本題に入っていきましょう。一度選出された選手は、それ以降のフォーメーションには入れません。

GKは楢﨑正剛。実際に話したこともありますし、彼は僕のインスタグラムをフォローしてくれているんです。これは無条件に選ぶしかないかなと。ちなみに、川口能活はこの本を制作している時点では、フォローはまだのようです（笑）。2人はずっとライバルでしたからね。楢﨑はここ一番の判断、PKストッ

B面ベストイレブン

SYSTEM
3-5-2

プも印象的。ゴール前での制空権を含め、とにかく守備範囲が広かった。楢﨑がいたから、能活も成長したんだと思います。

ほかにも松永成立さんとか、名前を挙げていけばキリがないので、ここでの基準は世界のトビラを開いたか否か。楢﨑はワールドカップに出場していますから。もちろん、川島永嗣も候補ではあったのですが、A面が川口であれば、B面は楢﨑。当たり前のように対で並べたかったので、楢﨑にします。

3バックのディフェンスラインは迷いました。右に入れた**名良橋晃**は小学生時代から知っている仲です。ここに名前を入れないと、うるさいタイプなので(笑)。ただ、友だち枠ではないですよ。僕が幼少期から見てきたなかでは、藤田俊哉と名良橋はすごかった。初めて会ったときのことはいまだに覚えています。名良橋との距離がなんだか近い、近い! と思ったら、顔がデカイだけでした。もちろん、ピッチに入れば別格。身長が低くても、ヘディングで競り負けなかったですし、足の速さ、体の強さは目を引きました。例えるなら「疲れ知らずのいすゞのトラック」。1998年ワールドカップ初戦のアルゼンチン戦では、惜しいシュートもありました。もしもあの一発が入っていれば……。まあ、あそこで入らないのが名良橋かな（笑）。でも、あのアルゼンチンと対等に堂々と戦っていたと思います。彼を心からリスペクトしています。

左には内田篤人を入れたかったのですが、すでにA面に入っているんですよね。実は彼とは忘れられないエピソードがありまして。女子ワールドカップ前に澤穂希の壮行会を開いたときのことです。長谷部誠、岡崎慎司、長友佑都らが顔をそろえるなか、「あれ、ウッチー（内田）は？」という話になったんです。どうやら、実家の静岡に荷物を取りに帰っていたみたいで、参加できなかったようです。仕方ない事情なので、メールで「またね」と送ると、静岡から東京まで飛んできました。義理堅いんです。日本代表でドイツと日本を行き来していると、東京と静岡の距離なんて大したことないのかもしれません（笑）。ハートもイケメンなんです。

少し話が脱線しましたが、B面の左は相馬直樹。ディエゴ・マラドーナにカニバサミを仕掛けたあの都並敏史さんが認めた男です。相馬がマッチアップしたときに、日本代表の左サイドバックは彼に譲るしかない、と思ったようです。奇しくも鹿島アントラーズの両サイドバックになりました。息もぴったりで守りやすいと思います。餃子には瓶ビール。名良橋には相馬。やっぱり、このセットがしっくりきます。

センターバックは吉田麻也です。代表キャップ数は126。この数字だけを見ても、いかに偉大な選手かが分かります。海外のリーグで長くプレーし続け、現在もメジャーリーグサッカー（アメリカ）のLAギャラクシーでプレーしています。東京オリンピックでもオーバーエイジで出場を果たし、日本代表のベスト4進出に貢献しています。大一番で働いてくれる存在です。

ＭＦは５人。トップ下には世界の舞台でも結果を出し、日本代表の10番も背負った**香川真司**。中田英寿と迷いましたが、中田英は「N面ベストイレブン」のほうでプレーしてほしかったので、ここは香川でいきます。ボランチには**稲本潤一**。あの名将アーセン・ベンゲル監督の秘蔵っ子ですから。ガンバ大阪からアーセナル（イングランド）へ移籍したときには、本当に驚きました。２００２年日韓ワールドカップでのゴールは、いまでも忘れません。体も強くて、１対１でも当たり負けしなかった。40歳を超えても現役を続け、奥さん（モデルの田中美保さん）も素敵な方。非の打ち所がないですね。

もう１人のボランチは**小笠原満男**。寡黙な雰囲気を漂わせ、まさに職人気質、匠の男です。ミスもほとんどなく、堅実なプレーが光りました。大事な場面で決めてくれる勝負強いフリーキックも印象深いです。

中盤の右に**名波浩**。稀代の技巧派レフティーです。セリエAのヴェネチアでは監督の戦術に合わなくて苦しみましたが、個人技はイタリアでも十分通用していました。左足1本ですべてを解決してしまうプレーはまさに圧巻でした。例えるなら、マンガの『プロゴルファー猿』と同じ。手作りの木製ドライバー1本だけで勝ってしまうんですから。2000年代、ジュビロ磐田の黄金期を築いたときのプレーは、目を見張りました。NANAMIのNを取って「N—BOX」と言われたシステムが各メディアの見出しに躍るくらい、当時は一世を風靡しました。

MFのラストピースは……超サプライズ選出で**ペナルティ・ヒデ**。オマエかいっ！　って言われるのは重々承知の上ですが、このメンバーでサッカーをしてみたいからです。市立船橋高時代に国立でプレーしたときは左のサイドハーフをやっていましたので、名波くんには右に入ってもらいました。もちろん僕はすぐに代わりますが、このメンバーで一緒にピッチに立つことを考えるだけで、もうワクワク感しかないです。

2トップの一角はゴンさんこと**中山雅史**。魂のストライカーを入れないわけにはいかないでしょう。積み重ねたゴール数はもちろんのこと、ワールドカップで日本代表の初ゴールを決めたのもこの人ですから。もう1人のFWは、ACミランの10番を背負った**本田圭佑**を入れたい。中田英寿以来の「王様感」がありましたよね。2010年南アフリカワールドカップの活躍は神がかっていました。初戦となったカメルーン戦のゴールに始まり、デンマーク戦のフリーキックも素晴らしかった。この2トップを見てみたいですし、2023年にJリーグが発表した「A面」と戦わせてみたいですね！

Y面ベストイレブン

世代を超えた個性派たちが集結

次は少し趣向を変えてY面です。世代を超え、面白いYUME（夢）のような観点から選んだベストイレブンとなります。

GKは浦和レッズの西川周作。2023年シーズンで37歳になったいまもJ1トップレベルの高いパフォーマンスを維持し、J1通算無失点試合数の最多記録を更新し続けています。パリオリンピックの正GK候補である鈴木彩艶を持ってしても、ポジションを奪えず、ベルギーのシント・トロイデンへ移籍したんですから。いかに西川の牙城が高かったかを示すものだと思います。まあ、西川という時点で『レギュラー』ですからね。お笑い芸人の……分かってもら

Y面ベストイレブン

SYSTEM
4-4-2

えますよね？　話を戻しますが、西川はセービングだけでなく、キックもピカイチ。ゴール前からのロングフィードの精度の高さも含め、攻撃の起点にもなってくれることでしょう。

DFラインは右から酒井宏樹。柏レイソルでブレークしたときは、若くて才能のあるとんでもない右サイドバックが出てきたな、と思いました。特にあの鋭いアーリークロスには衝撃を受けたのを覚えています。その後はヨーロッパに渡り、現在はJリーグで変わらない存在感を示してくれていますし、Y面ベストイレブンのDF陣に欠かせない存在になってくれるはずです。

センターバックは宮本恒靖に任せたいと思います。日本サッカー協会（JFA）の新会長にもなりますけど、自分の哲学というものを持っていますし、ピッチの上でも抜群のキャプテンシーも発揮してくれるでしょう。攻撃的なメンバーが多いなか、DFラインの真ん中でしっかりと全体のバランスを取ってくれるかなと。もう1人のセンターバックには、いまや日本代表のDF陣に欠かせない存在となった**板倉滉**。2022年のカタールワールドカップでブレークし、自身も世界へのトビラをこじ開けました。まだまだ上に行ける選手の1人だと思います。

左サイドには海外での経験も積んで成長著しい**伊藤洋輝**。左足のキックの精度に加え、空中戦にも強い。複数のポジションをこなせるユーティリティー性もあり、チームに1人は欲しい選手です。

中盤にも夢のある選手たちが数多くいます。トップ下には**澤登正朗**。2023年で30年を迎えたJリーグ、その草創期からの歴史を振り返ったときに、この人を入れないわけにはいかないかなと。清水エスパルスの絶対的な10番として一時代をつくりました。

澤登さんが高校生（東海大第一高）のときに、僕の市立船橋高は高校サッカー選手権の舞台で対戦しています。また、大学でも東海大と専修大で試合をしたこともありますし、僕にとっては何かとご縁（静岡での番組に呼んでいただいたことも！）がある方でもあるので、「Y面」のゲームメーカーをぜひ託したいと思います。

両サイドハーフには、ドリブラーとして1人で局面を打開できる**伊東純也**と**乾貴士**。この2人のスピードとテクニックで切り裂いていく攻撃は、相手にとっては脅威になるでしょう。僕がもしDFだったら、絶対に対峙したくない2人です（笑）。ワールドカップの大舞台でも、その力を発揮してくれましたし、きっと何度となく得点であったり、さらには決定的なチャンスを演出してくれるに違いありません。

ボランチを任せたいのは川崎フロンターレで、いまだ抜群の存在感を放つ**家長昭博**。何が起きても慌てない男です。攻守のバランスを取ることもできますし、もちろんゴール前では決定力もあり、プレッシャーのかかるPKも任される強心臓の持ち主。市立船橋高の後輩でもある鬼木達監督のサッカーを体現し、すぐに形にしてくれました。周りを生かす術、持って生まれたサッカーIQの高さに加えて、誰もが認める男前。もう言うことなしです！

2トップは左に高原直泰。ブンデスリーガのハンブルガーSVだけでなく、アルゼンチンのボカ・ジュニアーズでも活躍したんですから。あのディエゴ・マラドーナがプレーしたクラブに移籍する日本人フットボーラーが現れるなんて、子どものころは思いもしなかった。ボンボネーラでゴールまで決めたんですよ。アルゼンチンでもっと多くのチャンスをもらっていれば、さらにゴールを積み上げられたはずです。

ただ、不運だったのは2002年日韓ワールドカップ前にエコノミークラス症候群になり、代表に選出されなかったこと。同年、Jリーグのジュビロ磐田で得点王とMVPを同時に獲得するほどの働きを見せただけに、日韓大会でもそのプレーをぜひ見たかったですね。もしかしたら……日本代表の結果、歴史も変わっていたかもしれません。

右のFWはJ1通算最多得点記録（191ゴール）を持つ**大久保嘉人**。バルセロナの闘将カルレス・プジョルを本気にさせた男ですから。「あの日本人はなんなんだ。骨が折れてでも向かってくるし、ガンガンくる。クレイジーだ！」って（笑）。本当にマジョルカ時代の大久保は、それくらい相手チームから恐れられていたようです。ヤンチャな一面もありますけど、しっかりゴールという形で結果を残してきました。

ゴンさん（中山雅史）が魂のストライカーなら、大久保はまさに「炎のストライカー」と呼ぶに相応しい存在だと思います。きっとこのメンバーのなかでも重要な役割を担ってくれると思いますし、ワンチャンスを逃がさない、ここその場面でゴールを決めてくれるイメージが湧きます。

ＧＫ、ＤＦ、ＭＦ、ＦＷと各ポジションで世代も異なれば、選手としてのタイプもみんなバラバラ。だからこそ一度は見てみたいメンバーですし、特に中盤の要を担う澤登さんが高原と大久保の2トップ、さらには伊東、乾の超攻撃的なアタッカー陣をどんなパスワーク、ゲームメークで生かしていくのか。そこにはファンタジーを感じますし、緩急自在、長短をつけた攻めは考えただけでもワクワクしてきますよね。

ほかのベストイレブンにもまったく負けてない、個性がぶつかり合った魅力的なメンバーが集った夢の布陣だと思います。

⚽G面ベストイレブン（外国籍選手）

「クモ男」から伝説のシュートを決めたあの男まで

次はJリーグで活躍したG面（外国籍選手）です。GKは清水エスパルスの守護神として君臨した**シジマール**。クモ男でオサマール。実際、僕はシジマールを相手にPKを蹴ったことがあるんですよ。11メートルの距離からでも、シュートを決めるのは至難の業でした。

3バックは浦和レッズの**ギド・ブッフバルト**、鹿島アントラーズの**ジョルジーニョ**。横浜F・マリノスの**ドゥトラ**。いま思えば、1990年ワールドカップ優勝メンバーでもある西ドイツ代表のブッフバルトがよく来たな、と。浦和レッズに加入したのが1994年ですから、まだバリバリ。やっぱり、強かっ

G面ベストイレブン
外国籍選手

SYSTEM
3-4-3

たですね。ジョルジーニョは1994年ワールドカップの優勝メンバー。ブラジル代表での実績に恥じない活躍を鹿島でも見せ、クラブの黄金期を築きました。ドゥトラは横浜F・マリノスの完全優勝に貢献した鉄人。左サイドをアップダウンする運動量は目を見張りました。一度、ブラジルに帰国し、再び横浜F・マリノスに戻ってきたときは38歳。そこから、また活躍しました。この3バックは、僕の『Jリーグ版カテナチオ』です。

中盤はジュビロ磐田の**ドゥンガ**、ヴィッセル神戸の**アンドレス・イニエスタ**、鹿島アントラーズの**レオナルド**、ジェフユナイテッド市原(現ジェフユナイテッド市原・千葉)の**ピエール・リトバルスキー**。W杯優勝カルテットと呼ばせてもらいます。4人ともワールドカップ優勝経験者です。当時、磐田でプレーしていた選手たちに聞くと、みんな口をそろえて「ドゥンガは本当に怖かった」と言いますが、「でも、すごかった」と。時間にルーズな印象があるブラジル人選手のイメージを変えた闘将ですから。イニエスタのテクニックはもはや説明不要だと思います。Ｊリーグでも存分に魅せてくれました。レオナルド、リトバルスキーがＪリーグでプレーした映像はいまだに繰り返し流れていますが、いつ見ても一級品です。ＭＦの並びを考えるのも面白いですね。中盤の底はドゥンガ、サイドはリトバルスキーとイニエスタ、トップ下がレオナルドかな。

３トップはガンバ大阪の**パトリック・エムボマ**、浦和レッズの**エメルソン**、名古屋グランパスの**ドラガン・ストイコビッチ**。次から次に驚くような豪快なゴールを決めたエムボマのパワーは衝撃的でした。驚愕のスピードに目を奪われたのはエメルソン。カウンターから一人で抜け出せば、ほとんどゴールにしていました。素行の悪さは気になるところでしたが、ストライカーとしては超一流でした。

ピクシーの愛称で親しまれたストイコビッチは革靴を履いても一番うまかっ

た。監督時代にベンチに飛んできたボールをダイレクトで蹴り返し、ゴールに決めてしまうんですから。Ｊリーグ史に残る「伝説のシュート」ですよね。

Ｇ面もすごく悩みました。泣く泣く11人から外した選手は数え上げればキリがないです。例えば、フォワードはジェフユナイテッド市原の崔龍洙（チェ・ヨンス）。記録を調べてみると、ゴール数がすごい。２００１年の１年目から21ゴールを挙げて、２年目も16点、３年目も17点。２００４年に京都サンガに移籍しても、Ｊ２で20点。どこからでも点を取れます。リザーブにしておくのはもったいないくらいです。柏レイソルのカレッカもそう。ブラジル代表として１９９０年のワールドカップにも出場し、１９９０年代のＪリーグでも大きなインパクトを残しましたよね。

K面ベストイレブン（外国籍と日本人選手の混合）

ファンタジスタ＋強力2トップ

続いてK面（KONGO）。これは外国籍の選手と日本人選手の垣根をなくした混合チームです。

GKは川崎フロンターレの守護神としてリーグ初優勝に貢献した**鄭成龍（チョン・ソンリョン）**。安定感は抜群です。左サイドバックは、清水エスパルス、浦和レッズ、名古屋グランパスなどでプレーした**三都主アレサンドロ**。明徳義塾高から清水に来たばかりのころを思い出します。技術とスピードは当時からずば抜けていました。そのポテンシャルはブラジルでも十分に通用したはずです。実際、1999年にはJリーグMVPにも輝いています。現役引退後に取

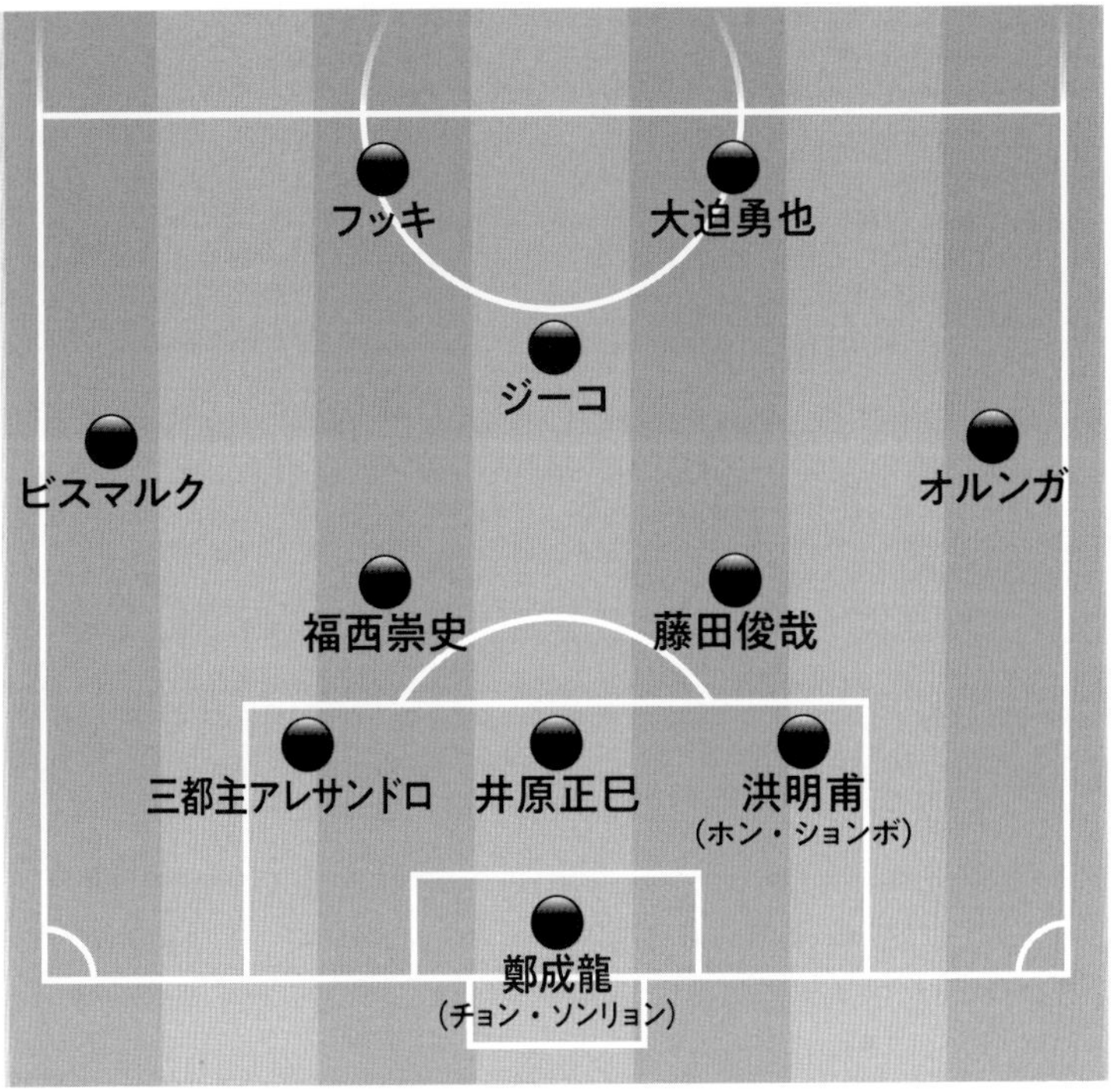

K面ベストイレブン

外国籍と日本人選手の混合（KONGO）

SYSTEM
3-5-2

材したのですが、いまはブラジルで自らクラブを所有し、サッカーに携わっています。

センターバックは**井原正巳**。やっぱりあの存在感、安定感は素晴らしかった。右にはベルマーレ平塚(現湘南ベルマーレ)、柏レイソルでプレーした**洪明甫(ホン・ションボ)**。韓国代表のキャプテンとして、2002年日韓ワールドカップでは4位に貢献した選手です。

中盤のテーマは、ファンタジスタたちによる競演です。選手の名前から挙げていくと**ジーコ**、**ビスマルク**、**オルンガ**、**福西崇史**、**藤田俊哉**。まず、ジーコなしにサッカーを語れないですし、ジーコなしにJリーグも語れません。ベストイレブンにも当然、名前が入ってきます。ジーコが目配せすると、ビスマルクもすぐに反応します。ヴェルディ川崎、鹿島アントラーズの主力として長くJリーグで活躍しました。オルンガも2020年にJリーグの得点王になりましたし、ダブルボランチの福西と藤田は「N—BOX」時代の連係が大きな武器です。

FWはJリーグが誇る強力2トップ。まず鹿島アントラーズ、ヴィッセル神戸でゴールを量産する大迫勇也です。2021年にドイツのブンデスリーガから戻ってきてからも得点力は落ちていません。2023年は得点王、そしてMVP。まだまだ健在です。

もう1人のFWはフッキ。Jリーグで活躍して、そこから一気にブラジル代表の中心選手にまで駆け上がりましたからね。

海外組ベストイレブン

語学も堪能な魅惑の男たち

次は海外組ベストイレブン。すでに帰国した選手も含めています。GKはジュビロ磐田の**川島永嗣**。ベルギー、スコットランド、フランスでプレーし、10年以上、ヨーロッパでGKとしてプレーしています。また、英語、フランス語、スペイン語、ポルトガル語、イタリア語など語学も堪能な彼は海外組ベストイレブンのGKにふさわしい。最終ラインは左からブレーメン、ケルン（ともにドイツ）で一時代を築いた**奥寺康彦**、カタールW杯で存在感を発揮した**谷口彰悟**、日本代表での経験も豊富な**酒井高徳**。しかも全員ワールドクラスのイケメン！

中盤はまずリバプール（イングランド）の**遠藤航**。決して大きくない体格な

海外組ベストイレブン

SYSTEM
3-2-4-1

がら球際で負けないボランチです。ブンデスリーガ時代にはデュエルランキングでリーグ1位にもなりました。もう1人のボランチは、スポルティング（ポルトガル）でも存在感を発揮している**守田英正**。真ん中にはセルティック（スコットランド）などで輝きを放った**中村俊輔**、ブンデスリーガのフランクフルトで結果を残した**鎌田大地**（ラツィオ＝イタリア）。両サイドにはブンデスリーガで戦う**原口元気**、オーストリア、プレミアリーグを経て、いまはASモナコ（フランス）でプレーをする**南野拓実**を入れました。

FWは1トップで、レスターシティ（イングランド）でプレミアリーグ優勝も経験した**岡崎慎司**。ブンデスリーガのシュツットガルト、マインツでもゴールを量産しましたし、日本代表、ヨーロッパリーグでの得点数を考えても、彼を外すわけにはいかないですね。

N面ベストイレブン（日本代表最強メンバー）

レジェンドたちが織り成す輝き

最後はN面です。日本代表の最強メンバーです。GKは**川口能活**。最終ラインは右から**冨安健洋**、**田中マルクス闘莉王**、**長友佑都**。冨安はアビスパ福岡時代から見ていますが、当時からポテンシャルの高さを感じていました。サッカーIQが高い選手ですし、いまやアーセナルですからね。夢があります。闘莉王はDFながらゴールを決めまくる得点力が目を引きました。長友はいまも衰えないパワーがすご過ぎます。4人の子どもたちが遅刻しそうになっても、全員を背負って、学校まで走れそうな勢いがあります（笑）。どれだけ走っても疲れないダイナモは、昔からぶっ飛んでいたようです。仕事で長友の故郷である愛媛を訪れたのですが、地元の仲間たちに昔の話を聞くと、と

N面ベストイレブン
日本代表最強メンバー

SYSTEM
3-5-2

んでもないエピソードが出てきました。中学校の卒業式で「みんなにもう二度と会うこともないと思うから、元気で」と手にしたばかりの卒業証書をビリビリと破き、東福岡高へ旅立って行ったらしいです（笑）。

中盤は日本代表の中心選手、ローマ時代にスクデットにも貢献した**中田英寿**、天才の名を欲しいままにした**小野伸二**、日本代表のキャプテンを長く務めた**長谷部誠**。ワールドクラスのポテンシャルを持つ**久保建英**。ブライトンでセンセーショナルな活躍を見せている**三笘薫**。カタールワールドカップでは「三笘の1ミリ」という流行語まで作りましたね。ちなみに僕は、相方の脇田が笑いを1ミリも取れなかったときに「脇田の1ミリ」と呼んでいます（笑）。

FWは**釜本邦茂**と**カズ（三浦知良）**。日本代表歴代最多得点を挙げた釜本さんは時代を超えて特別な存在。カズさんはもはや説明不要のキング・オブ・キングスです！

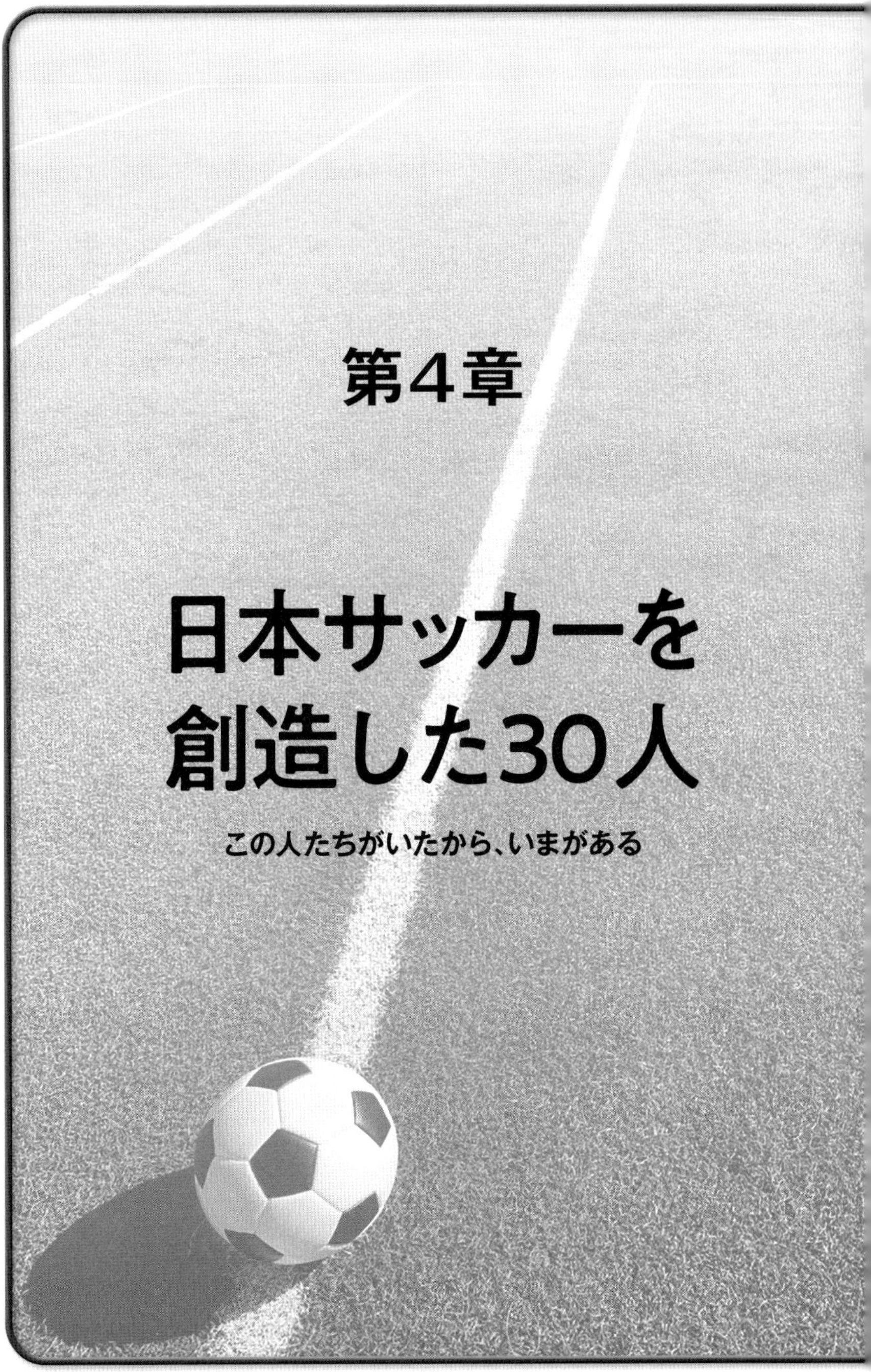

第4章

日本サッカーを創造した30人

この人たちがいたから、いまがある

ヒデが選んだ

日本サッカーを創造した30人

1 高円宮憲仁親王殿下・久子さま
2 デットマール・クラマー
3 長沼 健
4 川淵三郎
5 釜本邦茂
6 セルジオ越後
7 木村和司
8 奥寺康彦
9 ジーコ
10 岡田武史
11 ラモス瑠偉
12 三浦知良
13 中田英寿
14 小野伸二
15 中村俊輔
16 香川真司
17 遠藤 航
18 久保建英
19 佐々木則夫
20 澤 穂希
21 熊谷紗希
22 黒田 剛
23 レフェリー
24 西 芳照
25 チームスタッフのみなさん
26 高橋陽一
27 キリンビールをはじめとするスポンサーさん
28 サッカー中継のアナウンサー陣
29 高校サッカーのテレビプロデューサー
30 サポーターのみなさん

僕がこの本を通じて伝えたかったことのひとつに、日本サッカーの礎を築いてきた人たちへの感謝の気持ちがあります。もし、サッカーに出会うことができなかったら……いまの僕は到底想像できません。ここで名前を挙げた方のなかには、Ｊリーグ発足前からサッカー界に携わっている方たちもいます。令和の時代を生きる若い世代の方たちは、もしかするとその存在を知らないかもしれない。

ただ、２０２３年でＪリーグ30周年の節目を迎えたときだからこそ、あらためて思い返して、また「本」という形で名前を残しておきたかったんです。知らなければ知ってもらえる機会になってくれるとうれしいですし、すでに知っている人もこのタイミングで、もう一度、その功績であったり、人物像を思い出してもらえたらと思います。みなさん、ありがとうございます！

⚽日本サッカーの発展に大きく寄与

まずは、高円宮憲仁親王殿下を挙げさせてください。久子さまもサッカー界にご尽力された方で、南アフリカワールドカップのグループステージを突破したときに試合後、ロッカールームで汗にまみれたユニフォーム姿の松井大輔がハグしてもらったというエピソードを聞き、なんて素敵な方なんだろうと思いました。心からサッカーを愛し、そしてワールドカップの快挙に感動されていたとうかがい、心を打たれました。それこそ「高円宮杯」と冠のついた大会もあるくらいですからね。中学、高校年代の部活とJの下部組織を含めたクラブチームが日本一を争う大会の存在は、日本サッカーの発展にも大きく寄与してくださっていると思います。

2人目は『日本サッカーの父』とも言われているデットマール・クラマーさ

んです。原点と言ってもいいですよね。1968年のメキシコオリンピックで日本サッカー初の銅メダル獲得も、クラマーさんの指導がなければ、なかったはずです。当時のエースストライカーであり、日本代表のレジェンドである釜本邦茂さんらもみんな教えを受けているわけですから。しゃべくり漫才の原点をつくったと言われる『エンタツ・アチャコ（横山エンタツ・花菱アチャコ）』のような存在ですね。

3人目は長沼健さん。メキシコオリンピックで日本代表の監督を務め、日本サッカー協会会長として、多くの功績を残しています。日本サッカーが発展していく礎となる組織をつくり、Jリーグの創設、ワールドカップ初出場にも大きく貢献しました。国際経験を積む場がなかった時代に現在まで続く『キリンカップサッカー』（第1回は1978

デットマール・クラマーさん（写真=BBM）

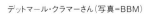

年にジャパンカップとして開催。１９８０年にジャパンカップキリンワールドサッカーに名称変更し、１９８５年からキリンカップサッカー、現在はキリンチャレンジカップも開催）の創設に動いた功績は大きいと思います。昔はキリンカップがないと、国内で海外の選手を見ることもほとんどできなかったですから。サッカー少年だった小学生のころに見に行ったものです。

⚽時代を切り拓いた「Ｊリーグの父」

４人目は初代Ｊリーグ・チェアマンの川淵三郎さん。クラマーさんが日本サッカーの父であれば、川淵さんは『Ｊリーグの父』です。１９９３年の『オリジナル10（10クラブ）』から始まり、２０２３年時点ではＪ１からＪ３まで計60クラブまで増えました。サッカーファンとしては、ゼロから初のプロサッカーリーグをつくってくれたことに対し、感謝したいです。その昔、川淵さんが出演をされていたニッポン放送のラジオ番組にも呼んでもらったことがあるんです。誰よりもサッカーへの情熱を持った方だと思います。コロナ禍の影響で開催が1年延期された東京オリンピック2020でも陰ながら尽力していました。川淵さん自身、オリンピックには特別な思い入れがありましたから。1964年東京オリンピックに選手として出場し、「ピッチに立ったときのことをいまだに覚えている」と話していました。震えて、涙が込み上げてきたと。あの感動を日本の子どもたちに体感してもらいたい、という思いが強かったようです。

5人目はすでに名前が出てきている釜本邦茂さん。日本代表の最多得点者として、通算75ゴールはいまだ誰も超えることができていません。そして、メキシコオリンピックの銅メダル獲得は、日本が世界に誇るエースストライカーなくして、

川淵三郎さん(写真=BBM)

成し得なかったはずです。日本サッカーの長い歴史を振り返っても、やはり偉業ですよね。過去、歴代最強と呼ばれたチームはいくつかありましたが、１９６８年以来、メダルには手が届いていません。昔、僕がまだ高校生だったころ、母校の市立船橋高に来てくれたこともありましたし、芸能界に入ってからもＴＢＳの番組『スーパーサッカー』でご一緒したこともあります。ただ、ゆっくりと話す機会がなかったので、いつか「世界の釜本」と呼ばれながらも、なぜ海外リーグに挑戦しなかったのかをご本人に直接聞いてみたいです。

釜本邦茂さん（写真=BBM）

6人目はセルジオ越後さん。30代以上のサッカー経験者は、幼少期にセルジオさんのサッカー教室に参加された方も多いのではないですか。全国各地を回っていましたから。松井大輔も幼いころにセルジオさんのサッカー教室で教

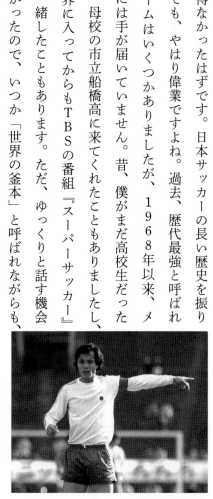

えてもらったと話していました。僕も小学生のころはお世話になりました。あれから数十年の月日が流れ、あるテレビ番組で一緒にフットサルをする企画があったのですが、驚くほどうまかった。何歳になっても技術は落ちていないんです。巷では辛口評論家として広く知られていますが、芯はブレていません。厳しい批判も時には必要です。野球界の張本勲さんのような存在かもしれません。ただ、日本のサッカーに対して厳しいことを言い続けてきた人ですが、セルジオさんがプロデュースしたカレーを食べると、これがかなり甘いんですよ。そこは辛口じゃないのか〜い！ って思ったことも（笑）。

⚽世界のトビラをこじ開けたレジェンド

7人目は木村和司さん。フリーキックといえば、この人。僕も少年時代にあこがれていました。日韓戦で決めた伝説のフリーキックは語り草ですよね。ボールの軌道も美しかった。１９８５年10月26日は、テレビにかじりついて見ていました。当時、日本が最もワールドカップに近づいた日でしたから。それでも結果は1対2。やっぱり無理なのか、と思ったことも覚えています。ずっと黎明期から見てきた僕としてはＪリーグが開幕し、横浜マリノスの10番を背負う木村和司さんとヴェルディ川崎の10番を着けたラモス瑠偉さんが同じピッチで対峙したときは感慨深かった。日本リーグ時代に日産自動車対読売クラブの試合を国立競技場にも見に行っていたので。ただ、当時のスタジアムは閑古鳥が鳴いていて、１０００人にも満たないくらいの観客数だったかもしれません。そこからのＪリーグ開幕の熱狂。「これはすごいことになったぞ」と興奮していたのを覚えています。ある特別番組で、病気から回復してきたばかりの木村和司さんとピッチでボールを蹴ったのですが、思いが込み上げて涙をこぼしてしまいました。多くを語り合わなくても、短いパス交換だけで十分でした。とても良い時間を過ごすことができたなって。

時代は少し前後してしまいますが、８人目として奥寺康彦さんも日本サッカーを語る上で欠かせません。１９７０年代、80年代に本場のブンデスリーガでプロ選手として、大きな成功を収めた初めての日本人です。いまでも１．ＦＣケルン（ドイツ）のクラブハウスに行くと、当時のブンデスリーガ優勝メンバーの一人として、奥寺さんの写真が飾られています。クラブスタッフに日本から来た旨を伝えると、「オク（奥寺）は元気にしているか？」と言われました。現地でも誰もが知っているレジェンド。あらためて偉人であることを再確認しました。最初にドイツへのルートをこじ開けたパイオニアとしても、日本サッカー史においても大きな存在だと思います。

９人目はジーコさんです。Ｊリーグの常勝軍団となった鹿島アントラーズの礎を築き、Ｊリーグ開幕当初の盛り上がりにも多大な貢献をしました。日本リーグ時代の住友金属に加入し、イチからプロ意識を植え付けていきました。僕は市立船橋高時代、専修大時代に住友金属と練習試合をしているんです。ジーコさんは出場していなかったのですが、その存在感の大きさはひしひしと感じました。あの「世界のジーコ」がここにいるんだって。ジーコさんの功績は挙げていけばキリがないです。Jリーグにホーム&アウェーの意識を強く持たせたことも大きかった。街全体を巻き込んで盛り上げ、鹿島という「街」を全国区にしました。しかもJリーグの開幕戦でハットトリックを達成するんですから。まさに本物のスーパースターです。

Jリーグの顔となったカズさん

10人目は1998年フランスワールドカップ、2010年の南アフリカワールドカップで日本代表を指揮した岡田武史さん。監督として、初めてワールドカップ出場に導いた功績は大きいです。勝負に勝つためには鬼にもなる――。この哲学は一貫してずっとブレなかった。コンサドーレ札幌、横浜F・マリノスを指揮しても、必ず結果を残しました。第1章のスペシャル対談にも登場していただきましたが、根が勝負師。監督を退いてからは、ゼロからイチを生み出すチャレンジをしています。当時、地域リーグに所属していたFC今治のオーナーとなり、四国リーグからJ3までステップアップさせてきました。近い将来はJ1で優勝争いができるところまで上り詰めていくと話されていました。街を巻き込んだクラブのつくり方、マネジメントを含め、新たなロールモデルになっていくかもしれません。

11人目はラモス瑠偉さん。ブラジルから来日した当初は、劣悪な環境、レベルの低さに辟易としていたようですが、年数を重ねるごとに変わっていきました。帰化して日本代表となり、ワールドカップを目指した生き様は多くの人に影響を与えたはずです。ピッチで熱く戦う姿勢を見せ続けました。ラモスさんは大和魂を持っていたと思います。Ｊリーグでは全盛期のヴェルディ川崎をはじめ、大きなインパクトを残しました。僕はいまだに『Ｊリーグカレー』を食べると、ラモスさんになるんじゃないのかなと思っていますので（※ネタ元は１９９０年代に放送されたＣＭ）。

12人目はキングカズさん（三浦知良）。ブラジルでプロとして活躍し、Ｊリーグ開幕前に帰国してヴェルディ川崎に入ったときは大きな衝撃を受けました。ついに日本にもこんなすごいプレーヤーが現れたのか、と。その後、Ｊリーグの顔となり、日本代表のエースとして日本のサッカー人気を支えてきた貢献度は計り知れません。プロとして、練習にストイックに打ち込む姿勢も、多くの選手たちに影響を与えていると思います。

僕自身もすごく敬意を払っています。２００５年にＦＩＦＡクラブワールドカップの取材で、当時カズさんが在籍していたシドニーFC（オーストラリア）の練習場を訪れたときでした。冷たい雨が降るなか、居残り練習に励むカズさんをずっと待っていました。約束の時間は過ぎ、取材時間も限られていたのですが、あのときはカズさんに風邪を引いてもらいたくなくて、5分で話を切り上げました。体調不良で凱旋帰国できなくなれば、僕は一生後悔すると思いました。カズさんのサッカーへの思いがひしひしと伝わるので、無理はさせられません。56歳になったいまもプロのピッチに立ち続け、妥協することなくトレーニングに打ち込む姿は尊敬でしかないです。

⚽天才たちの台頭

13人目は中田英寿。ヨーロッパで残した実績には、目を見張ります。1990年代後半からヨーロッパへのトビラを開いた選手です。世界で日本人選手の価値を高めたという意味でも、彼の存在は語り落とせません。将来を見据えて若いころから語学を勉強し、ペルージャの加入会見では流暢なイタリア語を披露。あれには度肝を抜かれました。当時、全盛を誇ったイタリアのセリエAで認められましたから。

デビュー戦となった開幕のユベントス戦で2ゴール。びっくりしましたね。あの雨の試合は、鮮明に覚えています。本当に決めちゃったよ、という感じでした。その後、ローマに移籍してスクデッド（優勝）まで獲得しました。2006年のドイツワールドカップを最後に引退しましたが、ひと昔前では考えられないサクセスストーリーを歩んだ一人だと思います。

14人目は小野伸二。ただ一言、天才。これは人づてに聞いた話なのですが、中学生のころにオランダの名門アヤックスからスカウトされたらしいんです。その後のキャリアは周知のとおり。清水商業高から浦和レッズを経て、オランダのフェイエノールトへ移籍。もしもあのとき、アヤックスの下部組織に入っていたら……どうなっていたのかなと思います。それこそ、アニメ『キャプテン翼』の主人公、大空翼の実写版ですよ。中学校時代のプレー映像は、ＣＭにも使用されていましたが、トラップからボレーまでのボールタッチは神がかっていましたから。伸二はファン以上に同じプロ選手、同業者に与えた影響が大きいのかなと。「伸二のプレーを見るのは楽しい」「伸二と一緒にプレーしたい」という話をよく聞きました。

15人目は中村俊輔。ＵＥＦＡチャンピオンズリーグでセルティックの25番を着け、マンチェスター・ユナイテッド（イングランド）からゴールを奪ったシーンは忘れられません。あのフリーキックは日本中のサッカーファンがしびれたことでしょう。オランダ代表のＧＫファンデルサールもあんぐりしていました。俊輔はピッチを離れても、根っからのサッカー小僧。あるテレビ番組で一緒になったときも空き時間を利用して、ずっと壁当てをしていました。ボールを蹴るのが好きで仕方ないのでしょうね。Jリーグでもフリーキックだけではなく、華やかなプレーで多くの人を魅了してきました。Jリーグ30年を振り返っても、子どもたちに多大な影響を与えたと思います。

⚽新時代を切り開いた男たち

16人目は香川真司。セレッソ大阪からドイツのドルトムントへ移籍し、ブンデスリーガで大ブレーク。20代以上のサッカーファンであれば、誰もが興奮したはずです。ヨーロッパ1年目でユルゲン・クロップ監督（現リバプール監督）に出会えたのも大きかったと思います。２０１２年6月、ビッグクラブのマンチェスター・ユナイテッドへの移籍が発表されたときは、感慨深かった。サッカーの母国であるイングランドの名門に日本人フットボーラーが認められた瞬間でした。
余談ですが、僕は香川真司のすごさについて、女優の石原さとみさんに延々と語ったこともあります（笑）。その後、トルコ、スペイン、ギリシャと渡り歩いてきましたが、いまはJリーグに戻り、古巣のセレッソ大阪で活躍しています。年齢に応じたプレーを見せ、すべての面において、若手の模範になっていると思います。パリ・サンジェルマン（フランス）との親善試合で高額に設定されたメインスタンド、バックスタンドの空席を見て、苦言を呈していたのが印象的です。「子どもたちに見てほしかった」と。誰のためのサッカーなのか、と問題提起しているようでした。世界的な選手のプレーを間近で見られるチャンスなど、そうそうありません。

17人目は遠藤航。ヨーロッパで活躍するストライカー、ゲームメーカーはこれまでいましたが、ディフェンスに回っても、１対１で負けないボランチの最たる成功例ではないでしょうか。昔、NHKの特別番組で僕にボールの奪い方を実演して教えてくれたことがありました。当時はまだ浦和レッズの選手。その後、ベルギーのシント・トロイデンを経て、ドイツのシュツットガルトに移籍。いまはイングランドの名門リバプールに在籍しています。ここまでのステップアップを予想できた人はどれくらいいるか。178センチのボランチが、190センチを超える選手に1対1で勝つんですから。しかも、ドイツのブンデスリーガではデュエルランキング（球際の争い）1位ですよ。クレバーにタイミングをずらし、粘り強く体を張って、ボールを奪う。大柄でなくても、ヨーロッパで戦っていけるんだと証明したと思います。

あらためて、サッカーの面白さを教えてくれた日本人フットボーラーなのかなと。10年後、20年後、日本のレジェンドになっている気がします。

18人目は久保建英。レアル・マドリードのフロレンティーノ・ペレス会長が、ずっと気にしていた存在。僕は日本人で初めて会長室に足を踏み入れたのですが、そのときに「タケフサは元気にしているか」と聞かれたんです。当時はまだレアル・マドリードに移籍する前で、ペレス会長が僕に言いました。「これまで取れなかった選手が2人だけいる。それは（10歳でバルセロナの下部組織入りした）久保建英とオリベル（大空翼のスペイン名）だ」って。ただ、残念なのはバルセロナがＦＩＦＡの規約に反し、移籍禁止処分を受けたため、13歳で帰国したこと。日本に戻ったあとに順調に成長し、18歳でレアル・マドリードと契約しましたが、もしもあのままバルセロナで育っていれば、どうなっていたのかなって。

⚽日本の希望の光に

19人目は佐々木則夫さん。２０１１年女子ワールドカップでなでしこジャパンを初優勝に導き、ＦＩＦＡ女子年間最優秀監督賞も受賞しました。日本の指導者では唯一無二の実績です。同じ指導でも、男子選手と女子選手では違ってくると言います。佐々木さんは、何がすごかったのか。選手たちに話を聞くと、「監督は私を見てくれている。絶対にチャンスが巡ってくる」と思わせる些細な心遣いができること。選手たちの髪型の変化などに気づき、前向きな声がけをすることもそう。褒められて、嫌な人間はいませんから。そうすると、選手たちはきっとプレーもしっかり見てくれているんだと思うようになったとか。

実際、一人ひとりにコミュニケーションを取っていましたし、選手たちからの人望も厚かったと思います。決勝でアメリカを下し、優勝を決めた日にＴＢＳの情報番組『ひるおび』の生放送で電話をつなぎ、話したことも覚えています。佐々木さんは勝利の美酒に酔っていましたが、世界一ですから。２０１１年は東日本大震災に見舞われたなか、なでしこジャパンの快挙は明るいニュースとして全国に届けられ、日本の希望の光になったと思います。

20人目は澤穂希。２０１１年の女子バロンドール受賞者です。最多受賞者のアルゼンチン代表リオネル・メッシと並んで、表彰されていましたから。実は僕、中学生だった澤穂希を知っているんです。30年ほど前、『たぬき』という居酒屋で僕がバイトしていたころの話。読売サッカークラブ女子ベレーザ（現日テレ・東京ヴェルディベレーザ）の選手たちが、試合後によく来ていたんです。あるとき、試合で大きなミスを犯した澤が先輩たちにイジられ、冗談まじりに「ヒデ、バリカンを持ってきて、丸刈りだ！」みたいなノリになったときでした。僕は止めたのですが、澤は「別にいいですよ」とさらっと言うわけです。もちろん、バリカンは借りてこなかったのですが、当時15歳なのに覚悟を感じました。女子サッカーの黎明期から頑張ってきた姿を見ているだけに、２０１１年のワールドカップ優勝は感動しました。テレビの前で涙が止まらなかったです。公私ともに懇意していることもあり、ワールドカップの優勝メダル、ロンドン・オリンピックの銀メダルも首にかけさせてもらいました。ドイツワールドカップでの名言はいまでも語り草。「苦しくなったら、私の背中を見なさい」。日本サッカー協会に直談判して、海外遠征時のサポートをお願いしたこともありました。女子サッカーに光を当てた一番の功労者だと思います。ピッチを離れても、ノリが体育会系で人柄もいい。僕と一緒に食事を取っているときに、ジュニア時代を過ごした府ロクの後輩である中村憲剛にその場のノリで電話をかけ、「来るでしょ」のひと言で周囲を笑わせてくれたこともありました。

21人目は熊谷紗希。２０１１年ワールドカップでもセンターバックとして、全試合にフル出場しました。当時は弱冠20歳の大学生。決勝での最後のＰＫは彼女でした。堂々たる立ち居振る舞いで、しっかり成功させました。その後のキャリアは周知のとおりです。浦和レッズレディースからヨーロッパに移籍してからもビッグクラブで実績を残し続けています。フランスのリヨンでＵＥＦ

Aチャンピオンズリーグを5回、ドイツのバイエルン・ミュンヘンでブンデスリーガを1回。本当に数え上げるとキリがないくらいです。2023年ワールドカップにも出場し、いまもなでしこジャパンの主軸です。2024年のパリオリンピックにも出場する可能性が高いです。

⚽選手たちの胃袋を支えるあの人

22人目は黒田剛監督。高校サッカーの歴史を築いてきた指導者は古沼貞雄さん、小嶺忠敏さんのほか、数多くいます。Jリーグ発足前は、トップカテゴリーの日本リーグよりも華やかでしたから。昼間の時間帯からテレビで生放送され、脚光を浴びました。当時はサッカー少年であれば、誰もが全国高校サッカー選手権を目指していたはずです。あこがれの大会でした。その舞台で監督として実績を残し、Jリーグで成功を収めたのが黒田監督。2023年からJ2の町田ゼルビアを指揮し、クラブ初のＪ１昇格を果たしたんですから。あらためて、高校サッカーを指導してきた指導者のレベルの高さを証明した黒田さんの功績は大きいと思います。

23人目はレフェリー。２０１４年ワールドカップの開幕戦で笛を吹いた西村雄一さん、２０２３年女子ワールドカップの開幕戦でレフェリーを担当した山下良美さんの名前は、世界に知れ渡りました。ただ、あえて厳しいことを言わせてもらえれば、全体的に日本人レフェリーのレベルが世界基準かと言われれば、まだそうではないと思います。あまりにもルールブックに基づき過ぎているような気もします。ルールに従うのは当然なんですが、それでも、レフェリーを取り巻く日本の環境も変わってきたと思います。３級、２級の審判資格を持つ女子高校生に、これからの目標を尋ねると「将来の夢はワールドカップで笛を吹くことです」と言う時代です。選手ではなく、レフェリーとして、世界の舞台に立つことを目指していました。アプローチの仕方は、それぞれです。
その昔、仕事でドイツのレフェリーの講習会を取材させてもらったことがあります。ワールドカップで優勝する国は、レフェリーの育成システムもしっかりしているんだな、と思ったことがありました。競技レベル向上には、やはりハイレベルなレフェリーの存在も欠かせないと思います。

24人目は日本代表チーム専属シェフの西芳照さん。飯を食わないことには、試合も何もないです。福島のJヴィレッジへ取材に行ったときに西さんの料理を食べさせてもらったことがあるんです。一度食べれば分かります。胃袋をつかまれれば、西さんのためにも頑張ろうと思えます。男子日本代表チームはもちろんのこと、2023年女子ワールドカップでも西さんが帯同していました。選手たちだけでは勝てない。コーチングスタッフも必要ですし、後押しするファン・サポーターの力も大事です。そして、遠征、合宿での食事を作るシェフも大きな役割を果たしています。西さんの存在があったから、タフなゲームも戦ってくることができたんだなと思います。

一方で責任も重大。自分が作った料理が原因で選手たちが体調不良を起こせば、一大事です。大きなプレッシャーもあるはずです。本当に大変な仕事だと思います。

『キャプテン翼』がもたらしたもの

25人目はチームスタッフのみなさん。コーチングスタッフだけではなく、キットマネージャー（ホペイロ）、トレーナー、アナリストといった多くの有能なスタッフによって、日本代表チームは支えられてきました。現代サッカーでは、すべての力を合わせないと勝てません。

26人目はマンガ『キャプテン翼』を描いた高橋陽一先生。このマンガ、アニメを見て、サッカーを始めた選手たちがどれだけいることか。いまや、世界中に影響力を誇っています。アルゼンチン代表のリオネル・メッシ、ブラジル代表のネイマール、少し前の時代であれば、元イタリア代表のフランチェスコ・トッティらも、みんな日本の『キャプテン翼』を知っています。主人公である大空翼がミッドフィルダーだったから、日本には優秀な中盤の選手が多く育ったと言われるくらい影響を与えた人です。

27人目はキリンビールをはじめとするスポンサーさん。1978年当時、日本サッカー協会の長沼健専務理事が、キリンビール本社を訪ねた際、対応してくれたのがキリンビールの当時取締役社長の小西秀次さん。この出会いがなければ、キリンカップサッカーは始まっていなかったと言われています。キリンビールさんのサポートがなければ、日本代表はこれほどまでに国際経験を積めなかったと思います。それこそ、Jクラブのパートナー企業もしかりです。サッカーに理解のある多くの企業にも支えられ、いまの日本サッカーがあると思っています。

28人目はサッカー中継を盛り上げてくれるアナウンサー陣。オールドサッカーファンであれば、誰もが知っている金子勝彦さんの存在は大きいです。『三菱ダイヤモンド・サッカー』のアナウンサーとして、どれだけ多くの試合を実況してもらったことか。そして、山本浩さんの歴史に残る名実況といえば、１９８６年ワールドカップのアルゼンチン対イングランド戦。「マラドーナ、マラドーナ、マラドーナ、マラドーナ」を連呼した実況は、サッカーファンの間ではあまりにも有名です。あれは狙って言えるものではないです。実際、僕はご本人に聞いたのですが、「驚きで、あの言葉しか出なかった」と話していました。青嶋達也さんもサッカー実況には欠かせない人。サッカー愛にあふれ、早口で滑らかな実況は耳に残ります。ナレーション及び進行を務めた『セリエAダイジェスト』での語り口は忘れられません。

29人目は高校サッカーのテレビプロデューサー。いまだにテレビ放送を続けています。やめようと思えば、やめることもできたはずです。僕も全国高校サッカー選手権に出場させてもらいましたし、感謝しかありません。日本サッカー界への貢献度の大きさは言うに及ばないと思います。先見の明もあったと思います。歴代応援マネージャーを見ても、よく分かります。堀北真希から始まり、新垣結衣、広瀬アリス、川口春奈、広瀬すずとみなさんが国民的な俳優として活躍されています。一つだけ注文を付けるとすれば、主題歌は昔のままがよかったなぁ。『ふり向くな君は美しい』。あのイントロを聞くと、しびれるんですよ。

30人目は全てのサポーターのみなさん。僕はスタジアムへ観戦に訪れても、声を出すことはありません。でも、彼らは声を張り上げて、ずっと応援しています。スタジアムの熱狂的な空間をつくっているのは、彼らのおかげです。選手たちのモチベーションアップにもつながっています。応援してくれている人がいなければ、いまの日本サッカーの盛り上がりはないのですから。歓喜に酔いしれるのも、敗戦後に立ち上がれるのも、彼らが共に戦ってくれているから。サポーターのみなさんも一緒に、日本サッカーを「創造」してきたのは間違いありません。

サポーターのみなさん（写真=BBM）

EPILOGUE

なぜ、僕らはこんなにもサッカーが好きなのだろう

この１冊を通じて、日本サッカーの現在、過去、未来をまるでタイムマシーンに乗ったような感覚で旅することができました。

不思議な縁はあるもので、『ドーハの悲劇』のことを思い返していると、１９９３年当時、日本代表のキャプテンだった柱谷哲二さんに別の仕事でお会いする機会に恵まれました。サッカー関係者にお会いしてお話できるのは本当に楽しいですし、１００人いれば１００通りの考え方、感じ方があります。聞けば聞くほど、逆に分からなくなってきました。この本を手に取った人たちもサッカーが大好きな方だと思います。だからこそ、僕に教えてほしい。

「なぜ、僕らはこんなにもサッカーが好きなのだろう」と。

第1章でお話を聞いた岡田武史さんは選手、監督として成功を収めて、そろそろ引退してもいいはずなのに、いまもFC今治のオーナーとして情熱を燃やし続けています。インタビューしたときも、目がキラキラしていました。サッカー少年のままです。2024年1月9日に現役引退を発表したジュビロ磐田のヤット（遠藤保仁選手）もそう。黄金世代と呼ばれた同級生たちがスパイクを脱ぐなか、43歳になった2023年シーズン終了まで昔と変わらず誰よりもピッチに立つ喜びを感じ、楽しそうにボールを蹴っていました。その姿に僕らはずっと魅了されていました。

2024年1月、僕も大好きな『キャプテン翼』の連載終了を表明した高橋陽一先生もそうです。もともとはサッカー未経験者。それなのに1981年に連載をスタートしてから40年以上、世界中のファンに愛される作品を描き続けてきました。サッカーにどっぷりと浸かってしまったお一人ですし、あらためて、サッカーは悪魔的なスポーツだなと思います。実際、見る側の僕もすっかり『沼』にはまっていますから。

本を書き進めていくうちに、ここまでサッカーを好きになってしまった理由が分かるだろうな、と思っていたのですが、どうにも答えが出てこない。ただ、年末年始の第102回全国高校サッカー選手権を見ていたら胸が熱くなりました。母校の市立船橋高（千葉）がベスト4に進出したこともありますが、きっとそれだけではありません。国立競技場はリニューアルされ、新しい時代に突入してしても変わらないものがあります。35年という長い月日が経っても、僕はあの日の国立の景色がずっと忘れられないですし、市立船橋高の一員としてロッカールームを出て、ピッチに出た瞬間の光景はいまでもはっきりと記憶に残っています。スタンドにあふれる観客、スタジアムに充満する熱気を肌で覚えています。練習がきつかった高校3年間でしたが、このピッチに立つために、毎日努力してきたんだよなと思いました。そして、大学でもサッカーを続けました。あのころからサッカーが好きで仕方なかったんです。でも、なぜここまで好きになったのか。自らに問いかけても、やはり明確なアンサーはまだ見つかりません。

僕のサッカーをめぐる旅は終わりそうにありません。試合終了のホイッスルは、次の試合に向けてのキックオフ。少なくとも僕はそう思っています。もちろん、プロの世界は結果を出さないと、次がないのも分かっています。ただ、すでにさまざまな構想は僕の頭の中に無数にあります。次なる旅に出る準備はできています。みなさん、その日をまた楽しみにしていてください。

2024年2月

ペナルティ・ヒデ

ペナルティ・ヒデ

中川秀樹 （なかがわ・ひでき）

1971年4月7日生まれ。千葉県出身。1987年に市立船橋高に入学し、インターハイ初優勝を果たした1年時からメンバー入り。ＭＦ、ＤＦの主力として活躍し、２年時は全国高校選手権大会で準優勝、インターハイ２連覇を果たした。専大卒業後、Ｊリーグからの誘いを断って、お笑いの世界へ。相方の脇田寧人とのコンビ「ペナルティ」として1994年にデビュー。現在も抜群のトーク力と豊富な知識を武器に、お笑いだけではなく、サッカーをはじめ、家電、ＢＢＱ、グルメなど、幅広いジャンルで活躍中。